Él es tu Dios

Shirley Alman

Laura
678-642,5599

Vida

DEDICADOS A LA EXCELENCIA

La misión de EDITORIAL VIDA es proporcionar los recursos necesarios a fin de alcanzar a las personas para Jesucristo y ayudarlas a crecer en su fe.

Él es tu Dios

Edición: *Ark Productions*

Diseño interior: *Jannio Monge*

Cubierta: *Sergio Daldi*

ISBN: 0-8297-3486-4

Categoría: *Vida Cristiana / Motivación*

Impreso en Estados Unidos de América

Printed in the United States of America

02 03 04 05 06 07 ❖ 06 05 04 03 02

Dedicado a:

Shannon

    Travis

        Shane

            Jacqueline

                Adriano

                    Andrea

...nuestros preciosos nietos, para que entiendan por qué sus abuelitos consumieron sus vidas en tantos países del mundo, especialmente en América Latina. Queremos que conozcan al Dios maravilloso a quien servimos. Que nuestro Dios sea el suyo y el Dios de sus hijos.

También me esforzaré con empeño para que aún después de mi partida ustedes puedan recordar estas cosas en todo tiempo. 2 Pedro 1:15

...Hablaremos a la generación venidera del poder del Señor, de sus proezas y de las maravillas que ha realizado... para que los conocieran las generaciones venideras y los hijos que habrían de nacer, que a su vez los enseñarían a sus hijos. Así ellos pondrían su confianza en Dios y no se olvidarían de sus proezas, sino que cumplirían sus mandamientos. Salmos 78:4-7.

Decenas de millares de jóvenes han partido con el Evangelio rumbo a todas las naciones. Ustedes también pueden hacerlo. Es su herencia. Es su futuro.

Pasamos la antorcha a Shannon, Travis, Shane, Andrea, y a Jacqueline y Adriano, que nacieron en Colombia y fueron bendecidos con una herencia bicultural. Reténganla. Corran con ella. Y no se detengan hasta que todo grupo étnico (nación) haya tenido la oportunidad de abrazar el Evangelio.

MINIBIOGRAFÍA

Shirley Alman y su esposo, Wedge, son los Directores Internacionales de Ministerios hispanos de Juventud con una Misión. Su pasión por movilizar a hispanos como misioneros los llevó a casi sesenta naciones en todos los continentes. Centenares de jóvenes capacitados por los Alman predican el evangelio alrededor del mundo y son la prueba viva de que Dios también puede proveer para ellos.

Este libro trata acerca de la formación divina y la provisión milagrosa para cualquiera que se atreva a creer sus promesas y lanzarse a obedecerle. Él no es solamente el Dios de Wedge y Shirley, sino que también *es el Dios de ellos*. Actualmente residen en Waterloo, Iowa, EE.UU, de donde viajan para llevar a cabo su ministerio. Tienen cuatro hijos, seis nietos y una bisnieta.

Contenido

AGRADECIMIENTOS

Escribir este libro fue quizás la empresa más difícil de toda mi vida. No es que escribir sea complicado, ¡Pero *escribir bien,* sí! Por eso tuve que depender tanto de otras personas. Esta historia estuvo en gestación en la computadora por más de diez años esperando que la diera a luz. Si no fuera por el aguijón de mi familia, a lo mejor estuviera allí todavía.

Le estoy muy agradecida a mi preciosa hija Bárbara por su gran esfuerzo para corregir el manuscrito. Mi hermana Joy Wagner y mis amigas Pam Warren y Shirley Walston fueron invaluable ayuda.

Agradezco eternamente a mi amiga de muchos años, Pacheco Pyle, que aceptó la tediosa tarea de editar el manuscrito en inglés. Ella tiene una vasta experiencia editorial, y trabajar con ella fue como recibir un curso universitario.
Antonio Pérez, de España, hizo una magnífica traducción del inglés. Gracias por tu trabajo arduo, el vocabulario inagotable y el repertorio tan creativo que Dios te ha dado.

También quiero agradecer a Viviana Luna Velie, mi querida amiga, que se consagró incansablemente con los últimos toques del manuscrito. Ella es un don de Dios para mí.

Y además Wedge, mi tesoro precioso. Sin él esta historia no existiría. Además de vivir esta aventura de fe conmigo, cerró su oficina y fue conmigo a Decorah, Iowa, a la casa que nos prestaron Ed y Kathy Basler, nuestros queridos amigos de

Chicago. Lejos de toda distracción, terminé de escribir este libro. Wedge hizo las compras, cocinó y fregó los platos. Sin su estímulo, habría desechado este proyecto hace mucho tiempo. Él corrigió el manuscrito en español e inglés y mantuvo los equipos funcionando. Aunque ayudarme a elaborar este libro es solo una entre un millón de cosas que él hace por mí. Por más de cincuenta años hemos compartido la vida y viajado a casi sesenta países para servir a Dios. La gente cree que «Wedge y Shirley» es una sola palabra. Poder experimentar las riquezas de la vida en Cristo juntos es algo que no cambio por nada del mundo. No puedo imaginarme la vida sin él.

Y sobre todo, estoy muy agradecida a mi maravilloso Señor, que coreografió nuestras vidas. Aun cuando fallamos, nos ayudó a levantarnos de nuevo para lograr sus propósitos.

Al fin ¡Nació el bebé! Espero que seas tan bendecido con esta narración como nosotros al relatar los acontecimientos que culminaron en un ministerio que pocos pensaron posible: Misioneros hispanos en todos los continentes del mundo.

Gracias al Señor que nunca tiró la toalla con nosotros. Verdaderamente, ¡Él es mi Dios!

SALUDO

Esta historia verídica trata acerca de unos héroes, los jóvenes hispanoamericanos. Yo he trabajado con ellos, codo a codo, y les he observado, admirada, mientras combatían contra toda dificultad imaginable y se esforzaban por obedecer la Gran Comisión de Cristo (Marcos 16:15). Ustedes son la flor y nata de la misión cristiana moderna.

Ustedes se extienden por docenas de naciones de los cinco continentes para alcanzar a muchos. Cuando otros alegaban que eran demasiado jóvenes, demasiado pobres, demasiado inexperimentados, descubrieron por sí mismos que más allá de esta sombra de duda... *Él también es tu Dios*

Ustedes son una nueva generación que no pide casas ni comidas favoritas, sino que se adapta a cualquier circunstancia y sobrevive con lo mínimo, cuando es necesario. Ustedes entregaron generosamente sus vidas por la causa más grande. En consecuencia, vieron milagro tras milagro.

La historia de cómo nos llamó Dios, a mi esposo Wedge y a mí, a América Latina, es también la suya. Nos permitieron influir en sus vidas, a veces conviviendo con ochenta y cinco personas. Con ustedes estudiamos, oramos, comimos pizza, jugamos al voleibol, combatimos corrientes ideológicas y luchamos unidos contra comunes enemigos espirituales. Viajamos juntos a muchos países y dimos a conocer a Cristo.

Con el paso de los años, hemos visto cómo se han convertido en líderes cristianos maduros. Algunos de ustedes sirven actualmente como directores regionales, nacionales o continentales de Juventud Con Una Misión. A lo ancho de todo el mundo hispano dirigen centros y escuelas de JuCUM que forman parte de la Universidad de las Naciones. Están involucrados en ministerios de misericordia y evangelización en todos los continentes.

Algunos se han alistado en distintos grupos misioneros. Otros son líderes en sus propias denominaciones, sirviendo en puestos diversos. Algunos ocupan posiciones en áreas tan diversas como la educación, el comercio o la industria; otros, incluso en el gobierno. Por todas partes van acercando a Dios a las personas y a estas a Dios.

Este libro es un monumento a la fidelidad de Dios. Fue escrito para dar cuenta, en la medida de lo posible, de los años pioneros de JuCUM en América Latina. Mi deseo y oración es que estimule al lector para que responda al gran reto de este milenio de:

Penetrar en todo grupo étnico con el evangelio y Clausurar la Gran Comisión en esta generación.

INTRODUCCIÓN

En 1979, mientras el gobierno de Chile procuraba detener la penetración comunista mi esposo, Wedge, y yo ayudábamos a dirigir un curso de discipulado de Juventud Con Una Misión (JuCUM) en las afueras de Santiago. Los alumnos procedían de varios países sudamericanos y los miembros del personal eran de los Estados Unidos, Argentina y Nueva Zelanda. Formábamos un grupo internacional que buscaba conocer a Dios y darle a conocer. Pero al gobierno no le pareció así.

La vieja casa que alquilábamos estaba rodeada de un patio de casi una hectárea de superficie, con un amplio jardín y una construcción que antes fuera gallinero. Todos los días nos reuníamos afuera y formábamos pequeños grupos de intercesión.

La casa apenas reunía condiciones de habitabilidad; la calefacción consistía en una estufa de kerosene que trasladábamos de una habitación a otra. Los jóvenes dormían en colchones y sacos de dormir sobre el suelo.

Una fría mañana, un grupo de carabineros irrumpió en la vivienda blandiendo rifles de asalto. Ordenaron a todos salir de sus camas provisionales y colocarse contra la pared.

Habían sorprendido a los «guardias»: uno en el antiguo gallinero y otro en el campo. Estaban leyendo cuando los soldados les apuntaron con sus armas y les advirtieron que no ofrecieran resistencia. Los «guardias», temblando de miedo, aparecieron junto a los soldados.

Estos no dudaban de haber descubierto una célula internacional de comunistas peligrosos. ¿Quién sino ellos iban a sacrificarse por la causa durmiendo en el suelo en el frío invierno?

El jefe vio un libro y lanzó una exclamación de victoria. Lo cogió y leyó el título en voz alta: *Se puede confiar en los Comunistas.* Luego vio un cartel en la pared que decía: «A Rusia con amor».

Al llegar a ese punto, todos los Jucumeros, en pijama, temblaban de frío y de temor. Los soldados empezaron a desparramar cajones por el suelo, revolviéndolo todo y buscando en los armarios.

Los «guardias», aún tiritando, no podían imaginar que su hora matutina devocional iba a terminar así. Los alumnos y el personal no dudaban que todo aquello acabase en martirio.

Al divisar a Wedge, el jefe del grupo le preguntó:

—Bueno, ¿qué es esto?

—Un centro misionero de capacitación —respondió.

—Entonces, ¿qué es *esto?* —dijo un soldado con cara de pocos amigos, despegando el cartel y enrollándolo, para llevárselo como evidencia—. ¿Quién hizo este cartel?

Wedge se atascó y elevó en silencio una oración pidiendo sabiduría. Uno de los alumnos, ex comunista, lo había confeccionado para promocionar una futura campaña misionera en Rusia, y Wedge no quería identificarlo por causa de su pasado. Afortunadamente, la atención del jefe se desvió y Wedge no tuvo que responder.

Cuando los soldados concluyeron su búsqueda, no habían encontrado más que Biblias, cuadernos y *Se puede confiar en los Comunistas,* libro que contenía capítulos como: «Para mentir», «Para matar».

Mansamente, el jefe se disculpó, admitiendo que en esta ocasión habían llegado un poco lejos en su celo por acorralar a los subversivos.

Los alumnos empezaron a sentirse más cómodos. Incluso invitaron a los soldados a regresar un día para tomar café... eso sí, siempre que dejaran los rifles en casa.

A aquellos jóvenes les movía una causa tan grande que estaban dispuestos a dormir en el suelo, a caminar hasta donde hiciera falta, a no comer si era necesario... y hasta a comparecer ante soldados con rifles. Se habían entregado a obedecer el mandato de su maestro de alcanzar a toda persona con el Evangelio.

CAPÍTULO 1

EL PRINCIPIO

Dos serán uno

La puerta se cerró detrás de nosotros, acallando el ajetreo de las calles y el fragor de los tranvías de Chicago. Seguimos al camarero hasta una mesa apartada, avanzando con los pies hundidos en una alfombra verde esmeralda. El abundante follaje daba al lugar aspecto de refugio en una jungla lejana. Nos sentamos cómodamente, inmersos en aquel ambiente acogedor.

Yo tenía diecinueve años y estaba enamorada. Mi corazón saltaba de alegría mientras me arreglaba para aquella cita con Wedge Alman. Al verme en el espejo, susurré: «Te ves fabulosa». Me acababa de poner un poco de maquillaje. Llevaba el pelo largo, color castaño claro y los ojos azules, llenos de entusiasmo. Estaba lista para visitar aquella noche un elegante restaurante de Chicago.

Era a principios de agosto de 1950. Wedge pasó a recogerme en la residencia del Instituto Bíblico Moody, donde estudiábamos. A mis ojos, él era el chico más apuesto del instituto: alto, rubio, con pelo ondulado y ojos azules centelleantes. Tomamos un tranvía hacia el norte, sumergidos en el terrible calor del Medio Oeste. Yo estaba encantada de estar con él, aunque el vagón se balanceara e hiciera ruido.

Wedrell Alman, apodado *Wedge* por sus compañeros, había finalizado estudios de ingeniería en el Instituto Tecnoló-

13

gico de Georgia, en su ciudad de Atlanta, para enrolarse en un curso de instrucción de aviación misionera en Moody.

Yo había estudiado música en Iowa, y llegué a Moody atraída por su fama y excelencia académica, por lo que concierne a esta disciplina, y porque quería estudiar piano con Frank Earnest, destacada autoridad en materia del compositor Grieg.

LA MÚSICA NOS UNIÓ

En Chicago, a Wedge solían invitarlo a tocar la guitarra hawaiana en servicios de iglesia y eventos especiales, y necesitaba un pianista que lo acompañara. Un amigo le recomendó que se pusiera en contacto conmigo. Las horas que pasábamos juntos, ensayando y haciendo arreglos musicales corrían veloces. Con el tiempo, nos dimos cuenta de que disfrutábamos ministrando y pasando tiempo en compañía uno del otro.

Aparte de nuestro interés mutuo por la música, pasábamos horas charlando acerca de las clases, discutiendo teología, compartiendo experiencias espirituales y jugando tenis. También practicábamos el uno con el otro un español chapurreado, caminando por la orilla del lago Michigan, riéndonos de nuestros errores.

Al cabo de poco tiempo, deseábamos estar juntos siempre que fuera posible y nuestra relación se profundizó más. Sabíamos que pasaríamos el resto de nuestra vida juntos, aunque ignorábamos cómo o dónde. A veces nos reuníamos para orar en uno de los salones del instituto. Aunque por entonces desconocíamos los principios que Dios observa para hablar con sus hijos, sabíamos que él nos había hablado.

SACUDIDA POR LA TRAGEDIA

Una horrible tarde, me enteré de que el Piper Pacer, un aeroplano del Instituto Moody, de cuatro asientos, había estallado en llamas poco después de despegar, calcinando a sus tres ocupantes. Todo el mundo estaba conmocionado, la atmósfera fue invadida de incredulidad, horror y aflicción. Los estudiantes se arremolinaban en silencio o conversando en tono muy bajo, esperando que los alumnos del curso de aviación regresaran de sus clases en el aeropuerto.

¿Iba Wedge en aquel avión?, nos preguntábamos. Mis amigos y yo orábamos en silencio. Nadie sabía todavía quiénes eran las víctimas.

Después de un tiempo que pareció una eternidad, lo vi. Estaba pálido, visiblemente conmovido, pero vivo. Corrí hacia él, me abrazó y me explicó que la avioneta iba tripulada por Ricardo, el instructor, y dos pasajeros: Iván, su compañero de habitación, y su amigo Harry. Un asiento quedó vacío. La vida de Wedge había sido preservada soberanamente.

WEDGE ME SORPRENDIÓ

En este momento, sin embargo, disfrutábamos una ocasión especial. Miraba cautivada a este hombre de veintiún años. Sus ojos se clavaron en los míos y me cogió de la mano. Apenas respirábamos. Creo que mi corazón estaba a punto de estallar a causa de la alegría que transpiraba.

Apenas vimos al camarero ir y venir durante la velada. Respondimos a sus preguntas distraídos. Jugábamos con los tenedores y el pollo *au gratin* en los platos, que de alguna manera aparecieron ante nosotros, para luego desaparecer, casi intactos.

Wedge, por último, culminó aquella noche perfecta introduciendo su mano en el bolsillo de la chaqueta y sacando una caja de terciopelo negra. La abrió, tomó un hermoso anillo de diamantes y me lo colocó en el dedo. Mi alegría fue indescriptible. Queríamos casarnos de inmediato.

Lo más difícil, sin embargo, estaba por llegar. Las normas de Moody exigen que cuando dos de sus alumnos se casan deben abandonar el instituto por un año de ajuste matrimonial. Nuestras familias se sentirían apenadas al ausentarnos de la institución por ese período de tiempo. Wedge regresaría a su casa en Atlanta y yo a la mía en Waterloo; teníamos por delante una difícil tarea de persuasión.

Debido a mi educación musical y al entusiasmo que mostraba por la música, mis padres esperaban que continuara mi carrera y no me casara tan pronto. Más les afligía aun que no me casara con mi fiel amigo de los días de bachillerato.

Como las objeciones de mi familia eran persistentes, les advertí:

—Bueno, iremos ante un juez y nos casaremos.

—No —acotó mi mamá—. Si insistes en casarte, prepararemos la mejor boda posible en el tiempo que resta.

Mi madre, persona siempre organizada, preparó una ceremonia preciosa.

LA BODA

El 1 de septiembre de 1950, el altar estaba adornado de helechos y decorado con candelabros y cestas de gladiolos.

Las damas de honor iban ataviadas con trajes largos y diademas. Mi vestido era de satén de excelente calidad, con corpiño ajustado, canesú con perlas de semillas y una larga cola.

A la ceremonia y recepción asistieron doscientos cincuenta familiares y amigos. Comimos pastel nupcial y helado decorado con pajaritos besándose. Una suave música de violín flotaba en el aire.

En cuanto a nosotros, estuvimos a punto de olvidar la licencia matrimonial y olvidamos los honorarios del pastor encima de la mesa.

Entre sonrisas y oleadas de arroz y confeti, nos apresuramos por llegar al automóvil. Nuestros amigos nos persiguieron. Tocaron las bocinas con gran estruendo. Por fin, les dejamos atrás y nos dirigimos a la suite matrimonial del Hotel Russell Lamson. Nos llevamos una gran sorpresa al ver a nuestros amigos en el vestíbulo del hotel.

El conserje confesó tímidamente: «Intentaron conseguir la llave de la suite, pero no se la entregué».

Después de un rato de cháchara y carcajadas, nuestros amigos se marcharon. Nos quedamos solos, el señor y la señora Alman.

Nos sentamos juntos en la cama y nos miramos uno al otro, procurando creer que estábamos realmente casados. Luego Wedge se arrodilló y me puso a su lado. Y dedicamos nuestro matrimonio al Señor.

Nuestra prioridad, Dios, pasó a ser el eje principal de la unión. Tomamos Mateo 6:33 como lema para nuestra vida: *Más bien, busquen primeramente el reino de Dios y su justicia, y todas estas cosas les serán añadidas.* Aún no entendíamos que Dios anhelaba que trabajáramos con él en la extensión de su reino. Tampoco comprendíamos la preparación que nos esperaba: *su preparación.*

Tampoco sabíamos que al final de nuestra luna de miel nos esperaba una carta certificada y urgente que nos afectaría el resto de nuestra vida.

CAPÍTULO 2

LA ESCUELA DE DIOS

Mi madre entregó la carta a Wedge. No sonrió. Acabábamos de regresar de una luna de miel muy corta para empacar y viajar a nuestro nuevo hogar en Atlanta, donde nos esperaban apartamento y empleos.

Rasgamos el sobre y leímos con incredulidad la carta que nos provocó un impacto tremendo. Nuestra nación se veía implicada en el conflicto de Corea y reclamaba a Wedge sus servicios en el ejército de los Estados Unidos a partir del 30 de noviembre. La carta estaba fechada el 1 de septiembre de 1950, el mismo día de nuestra boda.

Intenté tragar el nudo que se me hizo en la garganta, mientras las lágrimas rodaban por mis mejillas. Nuestro mundo, recién inaugurado, se nos derrumbaba, haciendo añicos nuestros sueños. No era justo. ¿Dónde estaba Dios? ¿Cómo podía hacernos esto?

Hasta algunos años más tarde no entendimos que nos habíamos enlistado en la Escuela de los Caminos del Señor. Él deseaba mucho más que nosotros que comenzáramos las clases.

¿POR QUÉ RECLUTARON A WEDGE?

Nuestro apartamento de Atlanta no era impresionante, pero era nuestro paraíso, donde reinaba el amor.

Durante los tres primeros meses de felicidad matrimonial trabajamos en la empresa del tío Roberto. Demasiado rápido llegó la hora de la partida de Wedge. ¿Sería posible vivir alguna vez el uno sin el otro? Nos despedimos con besos y él se subió al autobús que lo conduciría al campamento de instrucción. Cuando el vehículo desapareció me quedé muy sola y con el corazón sumido en una profunda pena.

Trabajaba como secretaria por el día y ocupaba las noches y los sábados dando clases de piano. Vivía para las ocasiones en que volaba de Atlanta a Carolina del Sur, donde estaba el campamento de Wedge.

Durante aquel tiempo me sentí confundida. Había estado plenamente segura de que él no tendría que ir al ejército. Sus amigos nos habían apoyado en oración para que nuestro plan preparatorio para el servicio cristiano no se viera interrumpido. Confiaba en que no pasaría la prueba física, ya que en su niñez tuvo serios problemas de salud. Su mamá había guardado cierta documentación que demostraba el tratamiento médico recibido, la cual presentó Wedge a los médicos militares. Sin dejarse impresionar, procedieron a examinarlo y hallaron que se encontraba en excelente estado de salud.

¿Por qué no había Dios respondido a todas aquellas oraciones? Cuando adoptamos Mateo 6:33 como lema para nuestra vida, no tuvimos siquiera en cuenta que ello podría implicar la separación. Dos años de marchar, lustrar zapatos, abrillantar bronces, disparar armas y escuchar sargentos ladrando órdenes... ¡Qué pérdida de tiempo!

Pero nuestro Comandante Divino estaba actuando, formando a su soldado para algo mucho más importante que el servicio a la patria. Ciertos asuntos inconclusos de la infancia de Wedge tenían que ser resueltos.

ANTECEDENTES DE WEDGE

La madre de Wedge se había enamorado de Wedrell Ezra Alman padre, graduado después de siete años de estudios en

Emory University, Atlanta. Se casaron y se trasladaron a Montana para pastorear una pequeña iglesia. Wedge nació en Montana, pero tuvo una infancia enfermiza: padeció raquitismo, mala digestión y problemas coronarios. A los tres meses, su madre se lo llevó a Atlanta para vivir con su familia, después de fracasar su matrimonio.

Cuando era aún un párvulo, Wedge llevaba abrazaderas de acero desde la cintura a los pies para enderezar el daño que le había causado el raquitismo. Hasta los nueve o diez años, tuvo un corazón tan débil que empezaba a sudar cuando hacía un pequeño ejercicio físico o se agachaba a recoger un papel del suelo.

Su madre era una mujer hermosa, con una linda voz de soprano, a quien le encantaba vestir con elegancia. Tenía un buen empleo: trabajaba para un editor de Atlanta.

Como madre, no dejó de llamar a ninguna puerta para procurar la salud de su muchachito. Estudió nutrición y llevó a Wedge a toda clase de médicos, persuadiéndoles de que le facilitaran tratamiento a un precio que ella pudiera sufragar. Siguió la misma práctica con los farmacéuticos para conseguir los medicamentos que necesitaba su hijo.

Desgraciadamente, sus emociones no fueron tan firmes como su determinación. Durante la infancia de Wedge, tuvo que ingresar en varias instituciones mentales. Sus abuelos tuvieron que cuidar de él, así como también tío Roberto y tía Rut.

Cuando el corazón de Wedge estaba más débil, su madre visitó a un quiropráctico (profesional médico que trabaja con la columna vertebral). Este aceptó tratar al niño casi gratuitamente. Desde el principio, notó lo que estaba mal y le ajustó la columna, liberando los nervios comprimidos, los mismos que le producirían fuerza reparadora desde el cerebro a los órganos. Después de dos años, le quitaron las abrazaderas, empezaron a gustarle las espinacas y otras verduras, y pronto corrió y jugó con sus amigos.

De joven, Wedge desarmaba relojes y aparatos en casa, precisaran o no reparación. A veces conseguía incluso volverlos a armar. Experimentaba con la electricidad y puso a prueba la paciencia de su madre afilando cuchillos.

Como sus amigos eran incapaces de pronunciar la palabra Wedrell, lo llamaban Wedge (que quiere decir «cuña» en inglés), nombre que le ha acompañado de por vida. Él suele decir: «Creo que este nombre fue profético porque, como una cuña puede ser usada para abrir algo cerrado, una vez misionero fui usado como una "cuña" para abrir puertas difíciles al mundo para los hispanos».

Ya adolescente entregó su vida al Señor. Dice él: «Tenía mi negocio particular de repartición de periódicos. Una de mis clientes era la señora McClusky, fundadora y directora internacional del Club Libro Milagroso. Su pasión por llevar adolescentes al Señor era contagiosa y pronto me hice miembro de su club bíblico.

»Una parte de mi ser sentía pasión por Dios y deseo de ser usado por él. Predicaba en las esquinas de las calles los sábados por la noche, y en las cárceles, los domingos, con un grupo de la iglesia».

La otra parte amaba las emociones. Era temerario y audaz; sentía pasión por los automóviles. Pasaba horas con los colegas, debajo de los autos, modificando motores. Los preparaban para alcanzar mayor velocidad. Alteraban coeficientes de compresión, ampliaban diámetro de los cilindros, montaban carburadores dobles y así por el estilo.

No era raro que condujera casi sin frenos y frenara cambiando de velocidad. Una vez, al tomar una curva con demasiada velocidad, se abrió la puerta y salió rodando el pasajero, que resultó ser su madre. Un niño pequeño que vio lo que pasó empezó a gritar: «¡Ese hombre atropelló a una señora!» Afortunadamente no sufrió heridas de importancia.

En cuanto a la disciplina, Wedge asegura: «En los primeros años de mi vida me acostumbré a ser atendido. Mi mamá nunca me pedía que recogiera la ropa o que ayudara en la casa. Como estaba tan enfermo, nadie tenía valor para disciplinarme y me hice bastante egocéntrico. Dios tuvo que encargarse de mí para corregir el carácter que desarrollé de niño».

Ciertamente, el campamento de instrucción disponía de cursos idóneos para convertir a un joven egocéntrico en soldado de Cristo. Dios utilizó al ejército de los Estados Unidos como ruta más corta para alcanzar esa meta. Desde el primer día se le infundió disciplina, obediencia, orden y esfuerzo. Y respondió bien. Wedge agradeció a Dios muchas veces por aquella experiencia que le hizo «madurar» y por no recibir respuesta a ninguna oración que solicitaba su exención del ejército.

MI HISTORIAL

Mi niñez transcurrió en una familia llena de amor, aceptación, alegría y laboriosidad. Mi hermana, Miriam Joy, nació cuando yo tenía ocho años; y a mis doce, nacieron mis dos hermanos gemelos: Jon Gene y Kent Dean. Yo ayudé a criarlos a todos.

La evangelización era parte del estilo de vida de mis padres. El lechero, el agente de seguros, el cartero o incluso el mendigo que necesitaba comida, todos eran bienvenidos y recibían de mis padres un folleto con un mensaje del Evangelio.

Mi padre, John Campbell, se graduó en la Escuela de Ingenieros Cooks de Chicago y fue supervisor eléctrico en la empresa de tractores John Deere. Él hablaba del Señor libremente con sus compañeros y subordinados. Uno de ellos aceptó a Jesús y partió más tarde para África como misionero. Este siempre decía que papá tenía nietos en África.

Papá tenía ocho hermanos, hacía bien todo, y era capaz de hacer cualquier cosa. Era capitán del equipo de baloncesto del instituto, y tocaba una gran trompeta. Pasaba las tardes leyendo la Biblia, examinando enciclopedias acerca de electrónica o arreglando cualquier instrumento casero averiado. Le encantaba retozar y jugar con nosotros y nos hacía cosquillas hasta que gritábamos pidiendo socorro.

Mi madre, Cleo McKeever Campbell, era una mujer culta. Estudió violín y canto cuando era adolescente. Se graduó con matrícula de honor y se matriculó en la que es actualmente la Universidad del Norte de Iowa, en la que estudió pedagogía. Después se dedicó a la enseñanza.

Con todo, su mayor ambición era ser madre. Cuando se casó con papá, se convirtió en una mamá y ama de casa maravillosa.

Ambos cantaban en el coro de la iglesia. Mamá tenía una magnífica voz soprano y papá armonizaba con la de tenor. Los domingos por la tarde, nos acostumbramos a celebrar sesiones musicales. Yo tocaba el piano, papá la trompeta y todos cantábamos.

JUNTOS DE NUEVO

Después del entrenamiento, Wedge encontró un sitio para vivir y vino a buscarme. Compartimos la casa de tía Mae, viuda cristiana a quien llegamos a amar muchísimo. Ella me instaba a tocar el piano y creía que yo era la mejor pianista sobre la tierra. Cuando yo enfermaba, me hacía quedarme en la cama y cuidaba de mí.

Después de algunos meses, Wedge fue trasladado a Camp Gordon, cerca de Augusta, Georgia. Compramos una casa móvil, con cuotas de veinticinco dólares mensuales. La modesta paga de mi marido era de ochenta y siete dólares al mes.

Wedge prestó servicio como operador de telecomunicaciones, policía militar y, al final, fue seleccionado para la Guardia de Honor. ¡Era un soldado bien parecido! Llevaba dignamente su metro ochenta de estatura y noventa kilogramos de peso. Yo estaba muy orgullosa de él. Nadie podía sospechar que en su infancia hubiera estado tan enfermo.

No teníamos auto. Así que cuando nació Bárbara Joy, el 20 de noviembre de 1951, un soldado nos condujo al hospital. Yo tenía casi veintiún años. Me encantaba jugar y cuidar a mi hermosa muñeca, viva, real. Pero este era el primer bebé que Wedge tomaba en sus brazos. Su primera lección la recibió de una enfermera del hospital, que reía al verle sostener a Bárbara como si fuera una bandeja.

Gracias a mis hermanos pequeños yo podía cambiar pañales con los ojos cerrados. Pero, estando ya Bárbara en casa, le entregué un pañal a Wedge y fingí ignorancia. «Bueno, veamos si podemos negociar esto del cambio de pañales. Toma, hazlo tú».

Lo intentó, pero al final tuvimos que hacerlo juntos. Mi esperanza de que Wedge formara el hábito de cambiar pañales nunca se vio cumplida.

Un fin de semana, un amigo nos prestó el automóvil para salir. Antes de devolverlo, Wedge quería lavarlo. Era un domingo por la noche, después del culto dominical, y nos acercamos a una estación de servicio. El asistente de turno explicó que se encontraba solo y que allí no había nadie para lavarlo, pero que podía tomar líquido de un barril y hacerlo él mismo. Entonces Wedge echó detergente sobre la chapa y empezó a lavar el auto. Pero cuanto más frotaba, más cambiaba el carro de color. Cuanto más restregaba, más se deslucía. Finalmente, Wedge le preguntó al asistente qué producto había en aquel barril. ¡Era detergente para limpiar pisos de cemento! El asistente gruñó: «¡Noooo, dije que podía usar aquél de allí!», señalando en otra dirección.

La segunda capa de pintura roja empezó a notarse. Nuestras intenciones fueron buenas. Fuimos sinceros, pero estábamos sinceramente equivocados. Pedimos disculpas a nuestro amigo, pero aquella fue la última vez que nos ofreció el automóvil.

Los dos años que Wedge estuvo en el ejército pasaron rápido para sorpresa nuestra. Amábamos la vida y el estar casados. Todo era emocionante. Wedge llevaba a casa un soldado tras otro para cenar y hablarle del Señor. Algunos recibieron a Cristo. Otros reaccionaron de distinta manera, como un joven que dijo: «Lo único que quiero es una chica, una habitación de hotel y una botella de licor». Más tarde cometería suicidio, pero no sin haber oído la historia del amor de Dios por él.

Recibir invitados en casa fue un buen reto para mis habilidades culinarias. Mi madre le había advertido a Wedge, antes de casarnos, que yo no sabía cocinar. En la escuela secundaria pasaba mucho tiempo practicando el piano y tocando en fiestas escolares y en la iglesia. El verano antes de ingresar en Moody practicaba ocho horas diarias. No había tiempo para clases de cocina. También pasé excesiva cantidad de tiempo con el que fuera mi novio.

De modo que el libro de cocina pasó a ser mi mejor amigo, y lo practicaba con Wedge. Él fue un gran estímulo para aumentar mi confianza. Siempre se jactaba de mis esfuerzos. Cuando la corteza de más de centímetro y medio de grosor del pastel de limón se resistía a cuchillo o tenedor, lo agarrábamos con los dedos y nos lo comíamos riendo. Debo decir, sin embargo, que con la práctica las cosas mejoraron bastante. Puedo demostrarlo con los pasteles de limón.

Solo tres meses antes de que Wedge cumpliera su tiempo en el ejército, inesperadamente, lo transfirieron a White Sands Proving Grounds, cerca de Las Cruces, en Nuevo México. Un gran porcentaje de la población del lugar era hispanohablante. El plan maestro de Dios continuaba develándose y estábamos deseosos de colaborar con él.

El estado *no* me impresionó. La arena lo invadía todo; era imposible encontrar refugio contra ella. Contaba los días que faltaban para su licencia a fin de abandonar aquella región terrible. Manifestaba el disgusto que me producía el desierto, pero los vecinos del lugar se reían de mí diciendo: «Shirley, una vez que la arena de Nuevo México se le meta en los zapatos, nunca se la podrá sacar». Yo les aseguraba que cuando saliera de Nuevo México nunca regresaría. Wedge no compartía mis sentimientos en absoluto. Estaba encantadísimo con la hermosura del desierto y la belleza de las montañas que rodeaban Las Cruces. Pero ambos echábamos de menos el verdor de la hierba y los árboles.

Amábamos nuestra iglesia. El domingo era un día muy especial. Todos los domingos, empujábamos el cochecito de Bárbara por la arena (¡ay!) hasta la parada del autobús. Wedge formó un trío vocal con otros dos jóvenes. Yo los acompañaba en el piano. Wedge golpeaba un violón que había construido a partir de una tina volteada con una larga cuerda de neumático adherida a un diapasón de madera improvisado, que apretaba o aflojaba para obtener distintos tonos. Lo pasábamos muy bien ensayando.

El grupo fue un éxito en la iglesia —o al menos ofrecimos un buen espectáculo—; y se hizo popular en la esquina de la calle donde nos reuníamos los sábados por la tarde para predicar. Nos incorporamos a una iglesia de habla hispana, a la que a veces asistía. Wedge enseñaba a los niños pequeños y yo tocaba el piano en los cultos dominicales y en el programa semanal de radio de la iglesia. Esa transferencia militar, ilógica, a Nuevo México, fue realmente nuestro primer paso en el ministerio entre los hispanos.

Cuando Wedge cumplió su compromiso militar, estábamos convencidos de que Dios quería que estudiáramos en el instituto bíblico de Springfield, Missouri. Allí Dios nos prepararía para servir al mundo hispano. Durante los nueve meses de espera hasta el comienzo del curso, Wedge trabajó como técnico electrónico en un programa espacial de investigación y desarrollo de mísiles teledirigidos en los campos de prueba de Arenas Blancas.

Robert Wedrell (Robbie) llegó a nuestro hogar en julio de 1953. Tres semanas después metimos nuestros dos bebés en un viejo Buick Roadmaster que compramos a un predicador por cien dólares. Su aspecto era parecido al de los vehículos de gánsters de Chicago. Emprendimos viaje al instituto bíblico.

EL INSTITUTO BÍBLICO

La asistencia a clases con dos niños pequeños fue una experiencia inolvidable. Todas las noches antes de acostarnos, yo sacaba los libros y los apuntes. Cuando Robbie se despertaba para mamar, a las dos de la madrugada, me sentaba a la mesa. Él se alimentaba y yo estudiaba. El mérito de las buenas notas que saqué ese año se debió, sin duda, a Robbie, por despertarse cada madrugada.

Wedge halló plena expresión para sus inclinaciones electrónicas. Con su compañero de clase, Pablo Crouch y un profesor de la facultad, construyeron transmisores para la caseta de radioaficionados. La montaron debajo del depósito del agua, en el recinto universitario. Desde allí hablaban con gente de todo el mundo y mantenían contacto regular con un misionero en Chile.

Por la noche, perdía la noción del tiempo en la caseta de radioaficionados. Una noche se quedó allí hasta ver rayar el alba por la ventana. No creía que se había pasado toda la noche sin dormir y corrió a nuestra habitación para descansar un par de horas, antes de la primera clase. Aquellos fueron años de escasez, pero maravillosos.

Crystal Ann llegó en noviembre de 1954, para traer más vida a la familia. Y aprendimos a depender del Señor aun más.

Un domingo por la tarde regresábamos de la iglesia sabiendo que no teníamos nada para comer. Me puse a pensar en medio de la cocina qué podría dar de comer a los míos. Llamaron a la puerta. Era nuestro querido compañero y amigo Bob Willis, con un almuerzo completo de jamón asado, acompañado de ensalada de papas calientes, al estilo sureño, que su esposa Kellon nos enviaba. La increíble provisión de Dios a través de sus hijos fue tan extraordinaria que estuvimos hablando del caso toda la semana.

EL ENCUENTRO CON WEDRELL PADRE

Wedge no tenía ningún recuerdo de su padre. Cuando todavía estábamos en el instituto bíblico, le pregunté: «¿No te gustaría conocer a tu padre? Creo que eso es muy importante».

Wedge no estaba seguro de que su padre quisiera verlo y temía traer a colación el asunto. No obstante, un verano cuando fuimos a ver a su mamá, aprovechamos para seguir la pista de su padre. Para prepararnos, llamé a una oficina del gobierno y ellos nos dieron varias sugerencias.

Después de llegar a Atlanta, fuimos a la biblioteca municipal. Creíamos que la familia de su padre vivía en Florida. Así comenzó la tediosa tarea indagatoria en la guía telefónica de las ciudades de Florida. Empezamos con las principales ciudades, una por una. Había listas de apellidos como Allman, Almon, Almond, etc. Por fin, después de varias horas de búsqueda encontramos uno que se deletreaba como el nuestro: Alman. El nombre completo de mi marido es Wedrell Ezra Alman hijo, con lo que estábamos bastante seguros del nombre de su padre. El más parecido que encontramos fue William E. Alman, demasiado parecido como para ignorarlo.

Teníamos el corazón en la boca cuando Wedge llamó a Tampa, Florida. Respondió una señora. Él se atrevió a decir:

—Hola, me llamo Wedrell Ezra Alman hijo, y estoy intentando localizar a mi padre, Wedrell Ezra Alman. ¿Son ustedes familia suya o le conocen por casualidad?

Hubo silencio. Luego habló una voz pausada, con acento sureño:

—Bueno, yo soy la hermana de Wedrell y sé que a él le gustaría verlo. Ahora está de viaje. Puede que me lleve dos días localizarlo. Le llamaré tan pronto lo encuentre.

Recibimos la noticia con euforia. Al cabo de dos horas sonó el teléfono. La voz dijo: «Lo localicé y le encantaría verles. ¿Pueden venir este fin de semana?»

¿Podríamos? Agarramos los bolsos y dejamos a Crystal con una amiga en Atlanta. Wedge, Barbie, Robbie y yo iniciamos un viaje de veinticuatro horas por carretera para encontrarnos con su papá.

WEDGE SE ENCUENTRA CON SU PADRE

Cuando llegamos a Tampa, nos detuvimos en una estación de servicio para refrescarnos y preguntar qué camino tomar.

Por fin, encontramos la calle. Íbamos despacio, mirando bien los números de las casas. Una señora nos vio y nos preguntó:

—¿Buscan el número 308?, parecía estar tan impaciente como nosotros.

—Sí.

—Bueno, yo soy tía Bonnie y el que baja esas gradas es Wed.

Nuestros corazones latían con fuerza al detener el coche frente al número 308 de la calle Plymouth. El padre de Wedge se dirigió hacia el lado del conductor, y a través de la ventanilla, se asió de Wedge. Se abrazaron y lloraron. Todos lloramos.

Una vez dentro de la casa se nos informó que iríamos a cenar a la casa de tía Bertie, otra hermana de Wedrell, que vivía en las afueras de la ciudad, en una hermosa casa de campo. Allí conocimos a William, cuyo nombre encontramos en la guía telefónica. William era el abuelo de Wedge.

Era un sábado por la tarde. La tía Bertie nos preparó una comida excelente. Wedrell tenía tres hermanas: Bertie, Bonnie y Beulah. Las tres se portaron maravillosamente. Nos recibieron con todos los honores. Nos alojamos en la vieja granja familiar, y a la mañana siguiente recogimos frutas para el desayuno en el huerto de cítricos contiguo. Aquel día, a primeras horas de la tarde, tendríamos una reunión familiar para que Wedge pudiera conocerles a todos.

Su padre se había vuelto a casar, esta vez con una dama de Waterloo, mi ciudad natal, quien además se había graduado en el East High School, el mismo instituto donde yo estudié. Tenían tres hijos. Wedge descubrió que tenía dos hermanas y un hermano.

A la hora del almuerzo, las mesas estaban repletas de sabrosos platos tradicionales sureños. Comimos y hablamos, hablamos y comimos. El abuelo Alman jugaba con Bárbara y Robbie. Después de almorzar, las tías sugirieron que Wedge y su papá fueran a la tienda por helados, lo cual era una buena excusa para que pasaran algún tiempo a solas. Volvieron al cabo de dos horas.

«CORRE CON ELLA»

Mientras estaban solos, Wedge le dijo a su padre: —He recorrido una larga distancia para verte. Me gustaría preguntarte qué tal va tu relación con Dios.

El padre respondió:

—Ahora va bien.

Luego añadió:

—Me siento muy orgulloso de ti. Creo que cogiste la pelota donde yo la solté. ¡Corre con ella!

Nos enteramos de que padre e hijo tenían varias cosas en común. Por ejemplo, a los dos les gustaban los helados y el queso. Y al dar un paseo por la playa de Clearwater, tía Bertie remarcó: «Fíjense en ellos. Tienen la misma constitución física, e incluso caminan de la misma forma».

UNA HERMOSA AMISTAD

Nuestra relación con papá se convirtió en una hermosa amistad. Intercambiábamos correspondencia. Siempre que estábamos en Florida íbamos a visitarlo y lo pasábamos muy bien con él y su familia.

Por fin, Wedge contaba con un padre. Este nos escribía con frecuencia, contándonos detalles muy estimados. Hasta el día de su muerte, siempre nos apoyó con un cheque mensual. Estaba muy orgulloso de Wedge.

PROVISIÓN PARA LOS ESTUDIOS

Debíamos dinero de anteriores semestres y no estábamos seguros de cómo íbamos a pagarlo. El año antes de su graduación,

Wedge recibió una beca para cubrir los gastos del último semestre. Cuando fuimos a pagar la deuda anterior, descubrimos que un donante anónimo ya la había hecho. Así pues, averiguamos bien pronto que Dios no solo era capaz de enseñarnos orden y disciplina, sino también de proveer alimento, cubrir los estudios y todas las necesidades de nuestros hijos. ¡Qué lección más importante para aprender a confiar nuestro futuro en sus manos!

LISTOS

A medida que se acercaba la fecha de la graduación, conservábamos la esperanza de convertirnos en misioneros. Visitamos al secretario de las Misiones Latinoamericanas de nuestra denominación para ponerlo al corriente de que Dios nos había llamado a servirle en ese continente. Estábamos seguros que se alegraría de tener dos nuevos candidatos misioneros y esperábamos recibir elogios.

En vez de ello, sin ningún entusiasmo, nos condujo hasta su archivador, abrió dos cajones llenos y dijo: «Fíjense, están llenos de solicitudes».

¿Qué le importaban a él nuestros sueños? Continuó: «Antes de ser admitida una solicitud para salir al campo misionero, se necesita experiencia. Prueben su ministerio pastoreando por dos años. Luego vuelvan y hablaremos».

Salimos desilusionados y heridos. Dos años nos parecían una eternidad. Estábamos ya listos. ¿Pensaba Dios que necesitábamos hacer más cursos en su escuela?

¿Dónde pastorearíamos? Oramos fervorosamente. Entonces, dos semanas antes de la graduación, recibimos una carta de una amiga pidiéndonos que presentáramos en oración la posibilidad de fundar una iglesia de habla hispana en Alamogordo, Nuevo México. El futuro dejó de parecernos tan sombrío. Volvimos a entusiasmarnos.

Dios nos abrió la puerta para pastorear por dos años o los que requiriese la denominación. Wedge escribió a su ex jefe y este le aseguró que podía contar con su antiguo empleo.

CAPÍTULO 3

ALAMOGORDO, ¡AQUÍ ESTAMOS!

Después de la graduación metimos a los niños en un Oldsmobile que compramos durante nuestra estadía en el instituto bíblico. Todos nuestros bienes terrenales iban seguros en la pequeña casita móvil que se balanceaba detrás del automóvil, avanzando por la carretera. Regresábamos al desierto del suroeste, a cientos de kilómetros de distancia, para establecer una iglesia, y lo que eso significara. Aunque prometí no volver a Nuevo México, anhelaba llegar allá. La gente tenía razón al decir aquello de la arena metida en los zapatos. Queríamos cumplir con las exigencias de nuestra denominación para poder proseguir con el llamado a las misiones extranjeras.

Yo tenía veinticinco años y Wedge veintisiete. Ignorábamos por completo cómo el Maestro tenía aún que madurarnos, enseñarnos cosas acerca de su carácter; a oír su voz y aumentar nuestra visión por el mundo hispano.

Nos encantaba viajar. Barbie tenía cinco añitos, Robbie tres y Cristal uno. Viajaban en el asiento trasero y sabían que algo importante se estaba cocinando. Cantamos, recitamos versículos de la Biblia, cambiamos pañales, comimos bocadillos y conversamos acerca del nuevo hogar en el lejano Nuevo México.

PROBLEMAS CON EL AUTO

Todo fue perfectamente bien hasta llegar a las montañas de Nuevo México. El Oldsmobile traqueteaba subiendo una cuesta y empezó a fallar. Nos detuvimos a la orilla. Wedge salió del auto, miró debajo del capó y comprobó sistemáticamente el funcionamiento de los cilindros. Extrajo una bujía sospechosa y la examinó asombrado.

«¿Qué es lo que pasa aquí?», exclamó. Me miró, sacudió la cabeza desconcertado y frunció el ceño. Y añadió: «¡En todos mis años de arreglar motores, nunca vi nada igual!» Explicó que algo *dentro* del cilindro había golpeado la bujía y cerrado totalmente la abertura.

Luego reajustó meticulosamente la fisura a treinta y cinco milésimas, colocó la bujía y puso en marcha el motor. *¡Ruido metálico!* Volvió a fallar como antes. La abertura se cerró. Tres veces ocurrió lo mismo.

Los niños y yo esperábamos en el automóvil. Wedge nos iba informando con todo detalle cómo evolucionaban las cosas debajo del capó. Concluyó que solo había una causa posible: la biela se habría soltado y por suerte que el pistón subiría hasta la bujía. Como de costumbre, me impresionaba su análisis, ya que mis conocimientos técnicos no alcanzan más que a cambiar las baterías de una linterna.

Teníamos que esperar allí mientras él pedía un aventón hasta la población más cercana, compraba piezas y desmontaba y reconstruía el motor allí mismo, al lado de la autopista. Llamar a una grúa o a un mecánico era impensable. Nuestros recursos apenas alcanzaban para cubrir el viaje. Afortunadamente, Wedge llevaba las herramientas necesarias. Nunca salía de casa sin ellas.

Le encantaría reconstruir el motor, pensé. Temblé solo con pensar en la posibilidad de quedarnos al borde de la carretera, en las montañas, por dos o tres días, con tres niños pequeños. Me preguntaba si Dios nos había abandonado.

¿Cuándo nos graduaremos?

Cuando las cosas iban mal y me quejaba, Wedge siempre decía: «Cariño, estamos en la escuela de Dios; estamos aprendiendo otra lección». Con todo, yo no quería seguir siendo alumna para siempre. ¿Cuándo nos graduaríamos?

Pensaba y decía: «¿Qué lección tenemos que aprender ahora?» Y elevaba en silencio un SOS al cielo.

Finalmente, Barbie saltó al asiento delantero y llamó a su papá: «Papá, ¿por qué no oramos?»

Los dos pensamos: *Bravo, pequeña, pero, ¿no te das cuenta de que este caso es realmente difícil y requiere destreza técnica?*

Wedge, no obstante, se deslizó en el asiento delantero, vio la cara de su preciosa hijita de cinco años mirando hacia arriba y empezó a orar. Teníamos poca fe, pero Wedge hizo una oración sencilla: «Dios, sana nuestro auto, por favor. Te damos gracias porque lo harás».

Salió, reajustó la misma bujía, se metió en el automóvil y giró la llave.

Esta vez el auto respondió con un suave ruido. Zuuum! «Cariño, escucha», casi gritó Wedge. Insistió. Yo escuché. «No hay nada como el sonido de un motor de ocho cilindros cuando funciona bien». Lo aceleró un poquito. «Escucha como ronronea», dijo Wedge satisfecho. Me miró y sonrió. Volvió a acelerarlo una y otra vez, asombrado porque no fallaba. Nos miramos unos a otros boquiabiertos, y como el motor no daba muestras de cambiar de intención, aplicó la velocidad y fuimos subiendo poco a poco hasta evadir las montañas y llegar a Alamogordo.

El Señor lo hizo, sin lugar a dudas. Dios arregló el auto. Y no fue un arreglito sencillo. Aquel automóvil, además de transportarnos durante otras cuatro horas, hasta Alamogordo, continuó prestándonos servicio por todo un año: Wedge recorría ciento noventa y tres kilómetros diarios para ir al trabajo, en la plataforma de mísiles. Más tarde, cuando ya estaba gastado, agotado y se aficionó al aceite —aunque seguía funcionando bien—, lo llevamos a una venta de autos y lo cambiamos por un Plymouth 1957 rojo, a estrenar. Ni que decir que extrañamos a nuestro fiel amigo.

El regreso de Wedge a los campos de investigación y desarrollo de mísiles teledirigidos en White Sands proveyó pan en la mesa mientras establecíamos la nueva iglesia. Amaba su trabajo. Él había estudiado ingeniería antes de asistir a Moody, y llevaba la electrónica en la sangre. Yo suelo decir que nació con un circuito integrado en la boca. Comía, dormía, hablaba de su trabajo y se sentía culpable todos los viernes cuando le daban la paga. ¡Imagínese que cobra por desarrollar su pasatiempo favorito! Compramos una casa y pronto dispuse de mi propio negocio: un estudio de piano y treinta y cinco alumnos. John Brenton (Brent), nuestro cuarto hijo, se incorporó a la familia en abril de 1958.

FUNDACIÓN DE UNA IGLESIA

Empezamos a visitar hogares en la parte hispana de la ciudad. Aunque la mayoría de las calles estaban asfaltadas y había electricidad en todas las casas, la comunidad era muy pobre. Las casas de adobe, construidas a la buena de Dios, tenían patios de tierra y algunos cactus. Muchas mujeres lavaban la ropa en pilas fuera de las casas.

Normalmente ellas se quedaban en casa cuidando de los niños, aunque algunas trabajaban como domésticas. Los hombres laboraban en la construcción o como porteros durante muchas horas y cobraban salarios bajos.

Algunas mujeres hallaban que era más provechoso recibir ayuda del gobierno por tener familias numerosas. Algunos hombres también descubrieron que era mejor recibir ayuda que realizar trabajo físico a cambio de un salario bajo. Otros, más ambiciosos, tenían pluriempleo y sus esposas también trabajaban.

Los residentes procedían de México, tenían hermoso pelo negro y suave tez marrón. Los niños eran muy guapos.

Aunque habíamos obtenido buenas notas cuando estudiábamos español, hablar la lengua de la calle era otra historia. Temblábamos a las puertas de las primeras casas, mientras esperábamos que se abrieran.

«Buenos días. ¿Cómo está?», era fácil. Pero cuando la gente nos contestaba, nos perdíamos. ¿Por qué hablaban tan deprisa? No distinguíamos una palabra de otra, de modo que simplemente asentíamos con la cabeza, sonreíamos y respondíamos: «¡Qué bueno!», esperando que la persona no dijera algo como: «Mi madre murió esta mañana».

Todos aquellos con quienes hablábamos nos aseguraban que asistirían a nuestras reuniones de iglesia. Una congregación local de habla inglesa nos dejaría usar parte de su edificio y estábamos seguros de que se llenaría.

En vez de ello, solo un hombre muy anciano acudió a nuestra primera reunión. Los demás solo habían sido corteses, al no rehusar nuestra invitación.

Nos sentíamos decepcionados, pero decididos a continuar. Después de un par de años, encontramos un local que hacía esquina, en una zona hispana. Lo compramos para la iglesia, pagándolo mensualmente.

Por fin, mujeres y niños y algunos hombres empezaron a asistir a los servicios religiosos y el local se llenó. Necesitábamos más espacio. Pasó un par de años; una de las familias de la iglesia dejó vacía una vieja casa de adobe fuera de la ciudad y nos concedió permiso para celebrar en ella nuestras reuniones. Llenábamos el Plymouth todos los domingos y los transportábamos a la iglesia hogar. Una vez contamos diecisiete personas en el coche. Pero no podíamos llevarlos a todos. Necesitábamos un lugar de reunión céntrico.

LA EDIFICACIÓN DEL TEMPLO

Pero, ¿cómo construiríamos uno? Los pocos hombres que asistían trabajaban esforzadamente tantas horas que no podíamos pedirles ayuda. Después de orar al respecto, pedimos un préstamo a un banco de la localidad para construir. Nuestra denominación nos prestó su firma.

Wedge seguía trabajando en White Sands Proving Grounds. No obstante, aceptó el reto y consultaba libros sobre construcción. Aunque su campo era la electrónica —no la construcción—, iba a la biblioteca de la ciudad para investigar. Yo solía tomarle el pelo diciéndole que ponía ladrillos con una paleta en una mano y un libro de «Hágalo usted mismo» en la otra.

Wedge excavó personalmente, con pico y pala, los antiguos cimientos de duro adobe. Las paredes de la iglesia empezaron a crecer ladrillo a ladrillo, bloque a bloque. Él tuvo que calcular cosas como el ángulo y la carga de la torre de treinta toneladas que diseñó para la fachada de la iglesia, así como la resistencia a la rotura por tracción de las barras de refuerzo que la sostenían para que no se viniera abajo.

Los días en que había lanzamientos tempranos de mísiles en White Sands, se levantaba a las dos de la madrugada para unirse con la tripulación de tierra y ajustar los equipos de medida a distancia para rastrear los mísiles. Volvía a casa a las cuatro de la tarde, comía y se iba a trabajar en la construcción de la iglesia hasta las diez de la noche. Eran días muy largos para él. Toda la familia se resentía y notaba la tensión.

Incluso los días que no había lanzamiento de mísiles, a veces se levantaba a las dos para preparar los sermones del domingo.

Un miembro mexicano de la iglesia le dijo a Wedge que la única manera de aprender español era comer un chile picante jalapeño que nunca le permitió comer su mamá. El amigo se sentaba en la mesa con Wedge, y le ofrecía picante con queso hasta que su cara enrojecía, le corrían las lágrimas por las mejillas y se tenía que sonar la nariz. Luego volvían a repetir el ritual.

Nos acostumbramos a la comida mexicana y podemos comer chile tan picante como cualquier mexicano.

Durante aquellos primeros meses, Wedge empleaba a veces cuarenta horas preparando los sermones de la semana. Primero los escribía en inglés, después los traducía al español. Más tarde se los llevaba a uno de los miembros de la iglesia para que los corrigiera. Luego los memorizaba.

A pesar de su detallada preparación, un domingo por la mañana le dijo a la congregación con mucha certeza que Jesús estuvo en el desierto desayunando por cuarenta días y cuarenta noches, confundiendo *desayuno* con *ayuno*. Aunque los oyentes disimulaban cuando Wedge se equivocaba, esta vez no pudieron evitar explotar de risa. ¡Y cómo necesitábamos aquellas carcajadas! A veces, cuando la tensión subía de tono, Wedge iba directo al piano. Aporreaba un jazz o un *boggie-woogie*, contoneando todo su cuerpo y tocando lo más alto posible. Después de dejar salir el vapor por algunos minutos, se ponía de pie y con una sonrisa tímida volvía a su tarea.

Poco a poco las palabras en español empezaron a fluir en la conversación. Una tras otra, las personas empezaron a entregarse al Señor, y la congregación comenzó a crecer. Ellos nos amaban y toleraban amablemente el uso a veces gracioso de su lengua.

PROBLEMAS SERIOS

Cuando Bárbara tenía unos nueve años, entró como en un letargo. Sentía una sed insaciable. Una mañana la estaba ayudando a hacer la cama cuando, de súbito, se dejó caer sobre ella, alegando que estaba cansada. Después, un sábado por la mañana, durante el devocional, dejó la mesa del desayuno, se fue a la sala, se echó en el sofá y se quedó dormida. Llamé inmediatamente al médico, que encargó hacerle análisis de sangre. El lunes siguiente por la mañana supimos que Bárbara era diabética. Tuvimos que empezar a ponerle una inyección de insulina diaria que continuaría por el resto de su vida.

Todos tuvimos que enfrentarnos con este nuevo desafío a nuestra fe. Muchas veces hicimos oraciones especiales para que fuera sanada. Aunque jamás dudaremos que Dios sana, Bárbara sigue siendo diabética. No puedo explicar por qué nuestra hija sufre, pero confío en el amor de Dios.

WEDGE TUVO QUE TRABAJAR A TIEMPO COMPLETO

Obtuvimos una victoria tras otra, batalla tras batalla. A veces la gente de la calle vagaba por el lugar y sentía lástima de ver a Wedge trabajando solo, levantando la iglesia. Algunos se detenían a ayudar un rato. Un hombre estuvo ayudando por todo un año y Wedge le pagó veinticinco dólares por semana.

A veces el agente judicial de menores dejaba en libertad condicional a los delincuentes de la localidad para que fueran a ayudarlo. Luego Wedge se los llevaba a casa a dormir en el suelo de la sala.

En lo profundo sentíamos una inquietud creciente. ¡Ojalá Wedge pudiera dedicarse a este ministerio a tiempo completo y no tuviera que gastar la mayor parte de su energía en un trabajo secular! Pero, ¿cómo sostendría a su familia si no continuaba trabajando en la investigación de mísiles?

Clamamos a Dios: «Escúchanos, por favor. Queremos servirte a pleno tiempo pero no sabemos cómo. Ayúdanos, muéstranos, háblanos. ¿Cómo podemos hacerlo?» Parecía tan complicado...

Sin embargo, la contestación llegó de una manera bastante simple. La compañía de aparatos aéreos para la que trabajaba Wedge finalizó su contrato con el gobierno y se marchó de White Sands Proving Grounds. ¿Se iría Wedge a California con ellos? ¿Era esta o podría ser esta la respuesta a nuestras oraciones? ¿O sería que Dios quería quitarle el empleo?

Nuestro entusiasmo aumentó. Creíamos que Dios nos estaba guiando. Nuestra pequeña medida de fe en él comenzó a crecer. Sabíamos que debíamos quedarnos en Alamogordo, lugar al que Dios nos había llamado.

Acabábamos de comprar una casa nueva. ¿Cómo íbamos a pagar la hipoteca sin el salario de Wedge? Él me preguntó si yo estaba dispuesta a vivir en una carpa. «Bueno, claro», me arriesgué a decirle, «pero no alcanzo a entender que Dios nos pida tal cosa con cuatro niños y justo antes del invierno».

El 15 de septiembre de 1960 fue el último día laborable de Wedge. Llegó a casa a las cuatro de la tarde, me entregó su último cheque y me dijo: «Bueno, cariño, veamos ahora lo que Dios hace».

Nos hacíamos un torbellino de preguntas. ¿Qué comeríamos? ¿Cómo pagaríamos los plazos de la casa? ¿Qué vestiríamos? Estábamos muy asustados, pero, al mismo tiempo, sentíamos un entusiasmo indescriptible, como si estuviéramos andando sobre las aguas, posando cautelosamente un pie y luego el otro.

Nuestro fabuloso Dios es paciente; nos enseñó a escuchar su voz; nos agarró de la mano para ayudarnos a dar nuestros primeros pasos vacilantes.

¿CUÁNTO NECESITARÍAMOS?

Aquella tarde nos arrodillamos al lado de la cama y le pedimos a Dios que nos aclarara cómo podíamos obedecerlo. Como soy muy práctica, hice una lista de nuestras obligaciones semanales. E incluso la desglosé en cantidades que necesitaríamos cada día, no ya para comer o vestir, solo para hacer frente a los pagos.

«Señor, esta es la última paga de Wedge. ¿Debe poner fin a su carrera de electrónica? Muéstranoslo, por favor, proveyendo para nuestras necesidades de la semana que viene».

Esta petición era una especie de señal. Si teníamos lo necesario para la semana siguiente, conoceríamos a ciencia cierta que esta era su voluntad. Nos pusimos en pie, ligeros de espíritu, con corazones llenos de esperanza. Fuimos a limpiar el garaje, pues hacía mucha falta.

Aquella tarde fuimos a visitar una iglesia de habla inglesa. Al finalizar el servicio, se nos acercó un hombre. Aunque no sabía que Wedge se había quedado sin empleo, le metió un cheque en el bolsillo por la cantidad exacta que necesitaríamos por día.

Dios nos estaba asegurando: «Aquí tienen su ración para hoy. Confíen en mí para mañana». Emocionados, mudos, apenas podíamos esperar a mañana. ¿Volvería Dios a hacerlo? Por supuesto. En el correo del sábado llegó una devolución de la compañía del gas y otros tres dólares de no sé dónde, lo cual sumaba exactamente la cantidad diaria. Estábamos aprendiendo a enamorarnos de la «escuela de Dios».

El domingo siguiente

Anhelábamos que llegara el domingo. Este no sería otro domingo. Después de la alabanza, la ofrenda y el mensaje, Wedge pidió a todos que se sentaran. Explicó que había dejado su empleo y que a partir de ahora recibiría diezmos y ofrendas como salario.

Hasta aquel momento, el promedio de la ofrenda había ascendido a seis dólares por semana, de modo que no contábamos con que la iglesia fuera capaz de sostener a una familia de seis desde el primer momento. Pero queríamos empezar a vivir según el principio divino de que aquellos que predican el Evangelio deben vivir de él. Dios proveería lo necesario a los que se dedican al ministerio a tiempo completo.

Hasta la fecha, nosotros habíamos corrido con la mayor parte de los gastos de la edificación. Wedge explicó a la congregación que a partir de entonces no podríamos financiar el proyecto de construcción, que todos teníamos que confiar en la provisión de Dios.

La pequeña congregación se entusiasmó. Una mujer muy baja y rechoncha dio un salto y exclamó, dejando correr las lágrimas por las mejillas: «Somos muy privilegiados por tener un pastor como Wedge Alman; debemos proveer para sus necesidades. A partir de ahora, cuando compremos comestibles, en vez de un bote de maíz, compraremos dos, uno para la familia Alman. En vez de medio kilo de carne compraremos un kilo. En vez de tres metros de tela para un vestido, compraremos otros tres...» Se detuvo y tomó mentalmente mi medida. «Oh no, la hermana Alman es delgada, basta con un metro para ella». En ese momento ya no pudo contener el llanto, ni nosotros tampoco.

Después de despedirnos con abrazos, Wedge y yo nos sentamos para contar la ofrenda. Aparte de los seis dólares usuales, había un sobre con cuarenta y dos de una familia que nunca antes había diezmado. El hombre tuvo que salir un poco antes de finalizar el culto, para ir a trabajar, y ni siquiera se enteró del aviso de Wedge.

Aquel mismo día Wedge habló con él, y el hombre le respondió: «Hermano Alman, esta mañana antes de ir a la iglesia, Dios nos habló muy claro a mi mujer y a mí que debíamos empezar a pagar el diezmo. Dios sabía a qué destinar esta ofrenda. Es para ustedes». Él estaba tan contento como nosotros por actuar oportunamente.

Aquellos cuarenta y ocho dólares eran provisión para otros cinco días, que completaban la semana. Nos sobró para pagar el diezmo, el diez por ciento de los ingresos brutos, principio bíblico de la bendición de Dios. Incluso tuvimos suficiente para comprar una jarra de mermelada.

Dios respondió claramente a nuestra petición. Nos estaba hablando, dirigiendo. El Dios de la creación sabía que estábamos allí y él era nuestro proveedor.

CAPÍTULO 4

DIOS, NUESTRO PATRÓN

Y así transcurrió semana tras semana. Disponíamos de dinero en efectivo para hacer frente a las facturas; el alimento y la ropa eran provistos por siervos de Dios que lo escuchaban. Wedge dedicaba todo su tiempo a pastorear y a la construcción. Descubrimos que Dios era un Patrón justo y que nos cuidaba bien.

ALACENA VACÍA

Un día los armarios de la cocina estaban vacíos, excepto algunos condimentos: clavo, nuez moscada... nada más. Los niños estaban en el colegio. Volverían para cenar. Wedge estaría cavando los cimientos hasta las diez u once de la noche, como de costumbre. ¿Qué podía hacer yo? Contárselo a nuestro Jefe.

Hice una lista de comestibles y se la presenté. Era larga, pero no demasiado, considerando la condición de mis armarios. Me arrodillé al lado de la cama y elevé la lista. «Señor, nosotros trabajamos para ti, no para los hombres. Esto es lo que necesito para preparar la cena. ¿Tienes alguna sugerencia?»

Aquella tarde, después de la «reunión de misiones» que celebramos las damas, conduje a varias a sus casas. Cuando dejé a Priscila, la primera, frente a su domicilio, me pidió que entrara con ella. Me comentó que había recogido entre el vecindario ropa para los pobres, la cual yo me encargaría de distribuir. Supuse que eso era lo que tenía que darme. Me llevó hasta la mesa de la cocina. Encima tenía dos paquetes de supermercado repletos. Vi que contenían todo lo que había puesto en la lista y mucho más, salvo la harina. Casi estallé de gozo y gratitud. Se lo agradecí en el alma.

Como no quería avergonzar a las mujeres que esperaban en el coche, informándolas que la familia del pastor no tenía qué comer, reprimí mis emociones y me limité a ir dejándolas a cada una en su casa. Pero estaba tan asombrada por lo que acababa de ocurrir que sentía grandes deseos de comunicárselo.

En vez de hacerlo, conversé con el Señor en silencio. «¿Y qué de la harina? La necesito para preparar tortillas para cenar».

Portazo. La última mujer salió del coche, pero antes de yo acelerar, volvió a abrir la puerta. «Hermana Alman, mi madre me pidió que le dijera que tiene cinco kilogramos de harina para darle. ¿Quiere recogerlas ahora o prefiere volver otro día?» Yo las quería de inmediato.

Cuando al fin me encontré sola en el auto, canté y alabé a Dios. De pronto, me di cuenta que había olvidado incluir frijoles en la lista. ¿Cómo resolvería Dios este problema?

«Señor», le dije, «olvidé los frijoles. Los necesito para hacer los burritos esta noche. Deseaba ver la cara de sorpresa que pondría Wedge cuando le acercara un plato de burritos a la obra. Pero NO había frijoles en aquellos paquetes. Shirley, tienes que ser realista».

Cuando llegué a casa, comencé a guardar las cosas, anotando el precio de cada producto para asegurarnos de pagar los diezmos de todo. En el fondo del segundo paquete estaban los frijoles que había olvidado incluir en la lista. ¿Las había puesto Dios allí cuando se lo mencioné, camino a casa, o mandó a Priscila que las incluyera? Nunca lo supe a ciencia cierta.

Barbara, de nueve años, volvió del colegio, vio los comestibles y casi gritó:

—Mamá, ¿de dónde has sacado todo esto?

—De Priscila, cariño.

—Mamá, *¡eso fue el Señor!*

¡Cuánta razón tenía! Eché los frijoles en la olla a presión, preparé las tortillas, las asé a la parrilla, rallé el queso. ¡Cuán contentos fuimos a llevar la cena a papá aquella noche! Habíamos experimentado el amor de Dios y aprendido algo nuevo acerca de su carácter que nos serviría para atravesar muchas situaciones semejantes en el futuro.

¿Y QUÉ DE LA NAVIDAD?

En un par de meses llegaría la Navidad, un tiempo familiar muy especial para nosotros. Los niños se hacían eco de preguntas que nos rondaban por la cabeza, como: «¿Tendremos árbol de Navidad este año?»

Les explicamos que tendríamos que pedírselo al Señor, ya que él era nuestro proveedor. Nos parecía que estábamos de puntillas al borde del abismo, pero Dios nunca nos había fallado. Su provisión había sido puntual y perfecta.

A las cinco de la mañana siguiente, Wedge se levantó para pasar tiempo con el Señor. Vio una luz que procedía de la sala. Movido por la curiosidad, se acercó en silencio y vio a Robbie, de siete años, vestido, peinado y con su cara lavada, arrodillado en oración. Wedge supuso que Robbie estaba pidiendo al Señor un árbol de Navidad.

Aquella misma tarde Rob llegó caminando con las justas, arrastrando un gran árbol desde su clase. Este abrió orgullosamente sus ramas en la sala anticipando las fiestas navideñas. Lo pusimos en el salón con alegría, anticipándonos a las fiestas navideñas.

Luego los niños se hicieron otra pregunta que ya habíamos considerado: «¿Tendríamos algún regalo al pie del árbol?» No tuvimos que esperar mucho para obtener respuesta. Los regalos comenzaron a llegar de todas partes: Georgia, Iowa, Nebraska, Colorado, Nuevo México, de familiares, amigos y extraños que se habían enterado de que Wedge era un pastor pionero a pleno tiempo. Cada día, el montón crecía alrededor del árbol.

Dios nos desconcertó con su prodigalidad. ¡Se lo debió pasar bien comprando para toda la familia! Todos estuvimos de acuerdo en que fue la mejor Navidad que hemos vivido.

CANCANES Y BOTAS BLANCAS

Al año siguiente todas las niñas, excepto las mías, llevaban combinaciones de crinolina (cancanes) bajo las faldas para perforarlas. Mis hijas hablaron con el Señor acerca del asunto, y una tarde, pocos días después, sonó el timbre.

Era el director de una misión urbana para hombres. Me dijo:

—Shirley, probablemente pensará que estoy loco por venir aquí, pero tengo una bolsa de cancanes que nos dejaron en la misión. Nosotros no podemos usarlos porque solo trabajamos con hombres. ¿Podrías usarlos?

—¡Por supuesto! Muchas gracias, señor Derby.

Al cerrar la puerta exclamé: «Señor, nunca cesas de asombrarme. Te alabo». Frente a la máquina de coser me reí en voz alta. Las tres chicas de la casa vestimos cancanes aquella temporada. Llegué a la conclusión de que el pueblo de Dios no tiene por qué vestir a la antigua.

Cuando se hicieron populares las botas blancas, mis niñas querían tener unas. Hablamos con el Señor. A los pocos días, toqué la bocina delante del patio de la escuela, a la hora del recreo. Se acercaron al automóvil corriendo. «Suban», les dije, «tengo una sorpresa para ustedes». A cada una le entregué una caja grande con un par de botas blancas. Dando chillidos de gozo se las pusieron. Les quedaban perfectamente. Dios proveyó las botas por medio de uno de sus siervos que lo escuchan, dueño de una zapatería.

HUEVOS CON TOCINO PARA EL DESAYUNO

Un evangelista llegó a nuestra iglesia para una semana de reuniones. Era un distinguido joven hispano que había ganado un concurso de rock and roll en su ciudad antes de entregarse al Señor. Me dijo que le gustaría comer huevos con tocino para desayunar al día siguiente. Yo le dije que le pediríamos al Señor que nos lo proveyera. Sus cejas se arquearon como no acabando de creerlo. Aquella tarde, alguien nos llevó tocino, huevos y algunas otras cosas que necesitábamos. Al concluir aquella semana nos dijo que había aprendido más acerca del Señor con nosotros que en toda su vida cristiana anterior.

Nosotros también aprendíamos, y era divertido.

LA PASIÓN DE WEDGE

Desde que conozco a Wedge, siempre ha anhelado dar a conocer a Dios a las personas. Les hablaba en las calles, autobuses, trenes y aviones. Hablaba a los marginados y a los funcionarios del gobierno, e incluso a un amigo que ganó el título de míster universo. Así pues, como pastor, su principal preocupación era que sus feligreses aprendieran a compartir su fe con los amigos.

Su amor a Dios fue el motor de toda su vida. Muchas veces a medianoche extendí mi brazo para descubrir que no estaba. Lo encontraba arrodillado al lado de la cama o en su despacho, inclinado en el suelo, delante de su Dios.

Wedge extrañó mucho la presencia de su papá, por eso se apoyó fuertemente en la de su Padre celestial, pasando las primeras horas de la mañana en su compañía. Muchas veces le oí decir: «Cariño, yo no puedo seguir adelante sin oración. Ella es el motor que me mantiene en movimiento, mi depósito de oxígeno. No sé cómo otros pueden funcionar sin ella».

Nuestros hijos observaban su pasión por Dios y querían hacer un cursillo que él daba en la iglesia para llevar a las personas a los pies de Cristo. Ellos también deseaban que sus amigos conocieran a Dios.

Una tarde yo estaba ocupada en la cocina, cuando oí que abrían y cerraban la puerta de la calle; después se oyeron unas pequeñas pisadas. La puerta de la habitación de Rob se abrió y se cerró. Me pregunté qué es lo que pasaba, avancé a hurtadillas hasta la puerta y la abrí con cuidado. Rob, de nueve años, había pedido a su amigo Pablo, hijo de unos vecinos, que se arrodillara. Rob mostró a su amigo cómo recibir a Jesús en su corazón.

—Y ahora, Pablo, repite estas palabras después de mí: Querido Jesús, sé que soy un pecador.

—Querido Jesús, sé que soy un pecador —repitió Pablo.

—Perdona mis pecados; límpiame y entra en mi corazón.

Pablo continuó:

—Perdona mis pecados, límpiame y entra en mi corazón.

—En el nombre de Jesús, amén.

—En el nombre de Jesús, amén.

Cerré sigilosamente la puerta.

Pablo había nacido de nuevo. Durante un tiempo, sus padres le permitieron participar en nuestros devocionales familiares matutinos y asistir a la escuela dominical con Rob.

UNA NUEVA FAMILIA EN LA IGLESIA

Dios llevó a una nueva familia a la iglesia de una manera formidable. El marido era gerente de una zapatería en Lubbock,

Texas, y le preguntaron si deseaba ser transferido a Alamogordo. Cuando llamó a su esposa para pedirle que orara acerca del asunto, ella respondió: «No necesito hacerlo. Dios me dio la palabra *Alamogordo* esta mañana mientras oraba. No tenía idea de lo que significaba. No sabía que fuera una ciudad de Nuevo México. Ahora lo entiendo. El Señor quiere que nos traslademos allí».

Fueron una gran bendición para nosotros y para la iglesia. Eran buenos maestros de la Palabra, tenían pasión por el Señor y eran generosos con su tiempo, dinero y oraciones. Casi todos los domingos nos invitaban a comer.

Nos asombró que Dios mostrara a un gerente, a través de su superior, el traslado a nuestra ciudad y, simultáneamente, mostrara la palabra *Alamogordo* a su esposa, confirmando el traslado. Era otro ejemplo de que Dios actuaba en favor nuestro.

Muebles nuevos

Con el paso de los años, nuestros muebles de segunda mano y las alfombras empezaron a revelar el desgaste causado por cuatro niños llenos de vida y docenas de personas que pasaban por nuestra casa todas las semanas. Me preocupaba que su aspecto raído no reflejara la hermosura de Dios. Comencé a visitar almacenes de muebles. Hasta que encontré exactamente lo que había imaginado. Era caro y se hacía por encargo. Se los describí a mi familia. Todas las mañanas durante el devocional familiar le pedíamos a Dios que nos supliera los muebles y alfombras nuevos.

Como un mes después, Wedge salió de viaje por algunos días y el reverendo McClain, predicador invitado, subió al púlpito un miércoles por la noche. Predicó acerca de la fe. A medida que daba su mensaje, la fe fue brotando en mí.

Sonreí imaginando la sorpresa que causaría si la congregación se enterara de que la esposa del pastor pensaba en cosa tan material como unos muebles en medio de un mensaje tan hermoso. Pero mi Padre me susurró su amor, diciéndome que él también se preocupaba de mis muebles.

Súbitamente el mensaje terminó y el predicador pidió a todos los que tuvieran necesidad que pasaran al frente para hacer una oración especial por ellos. Yo pasé acompañada por otros, segura de ser la primera persona en el mundo que iba al frente durante un servicio para pedir muebles nuevos.

El reverendo McClain rogó por las personas colocadas en semicírculo. Oró por lesiones, dolores, niños caprichosos, necesidades económicas; todas cosas serias. Y yo necesitaba muebles. Me alegré de que solo Dios conociera mi necesidad. Era nuestro secreto, suyo y mío.

El reverendo McClain era un hombre de gran fe. Dios iba cubriendo las necesidades de aquellos por quienes oraba. Entonces me tocó a mí. Me puso las manos en la cabeza y empezó a hacer una oración muy general. Luego se echó a reír. Me sorprendí y le eché una mirada de reojo. «Señor, creo que quieres darle a Shirley muebles nuevos para la sala». Mis ojos se abrieron de par en par y probablemente mi boca también. Él nunca había estado en nuestra casa. Desconocía el alcance de su oración. Toda esperanza de mantener mi secreto fue desecha. Mis pensamientos fueron expuestos al público. Pero, como por encanto, ya no me importó.

Al finalizar la reunión, le pregunté por qué había hecho esa oración. Sonriendo, dijo que Dios le puso el pensamiento en el corazón y que se limitó a declararlo en fe.

De camino a casa, les expliqué a mis hijos lo que había sucedido. «Ya no volveremos a pedir a Dios muebles nuevos. A partir de ahora, nuestras oraciones, después del desayuno, serán: "Gracias, Señor, por los nuevos muebles"». Yo estaba convencida de que Dios ya había respondido y que no debíamos volver a hacer esa petición, sino darle gracias.

A los pocos días, Walt, un amigo que estuvo presente en el culto de aquella noche llamó para decirnos: «Shirley, hemos puesto a la venta una casa que tenemos en Arizona. El Señor nos mostró que debemos comprarles muebles nuevos cuando se venda».

Yo estaba agradecida, pero no expresé demasiada alegría, porque a veces pasan varios años hasta que una casa se vende. Yo necesitaba los muebles ahora. Los muelles del sofá se veían a través de la tela y la alfombra estaba más que desgastada.

En tan solo una semana volví a recibir otra llamada:

—Shirley, vendimos la casa. Vaya a escoger los muebles.

Procuré guardar la compostura diciendo:

—Bueno, Walt, ya los escogí.

—Muy bien, entonces vaya a comprarlos —puntualizó.

Yo dudaba cómo explicárselo.

—Bueno, este…, hay que hacer el pedido. Son por encargo y bastante caros.

—No importa. Encárguelos.

Pensé que él no entendía. Tenía que ser más clara.

—Walt, creo que debe decirme cuánto quiere gastar. Necesito un presupuesto que me sirva de referencia.

—Shirley, el precio no es importante —insistió—. Mi mujer y yo queremos que vaya y compre lo que le guste. Dios nos ordenó hacerlo.

Ahora sí que estaba supercontenta. Al día siguiente encargué aquellos hermosos muebles. Le conté a Leonard, el dueño de la tienda de muebles, cómo iba a pagar los muebles. Entonces dijo: «Bueno, si Walt está dispuesto a hacer eso, yo ayudaré con la alfombra».

En cosa de dos meses, la sala fue renovada, pintadas las paredes, y una alfombra nueva acompañaba a unos muebles cuidadosamente dispuestos.

Nos admirábamos de esta nueva serie de provisiones milagrosas. Nuestro hogar reflejaba ahora el carácter de nuestro maravilloso Dios: su hermosura, su encanto, su generosidad, su fidelidad; era un Dios de orden, un Dios personal que realmente se preocupa de sus hijos sobre el planeta tierra.

BRENT ERA UN NIÑO MUY ACTIVO

Brent, nuestro hijo menor, estaba lleno de vida, y nos mantenía en vilo constantemente, intentando adivinar cuál sería su próxima travesura. Cuando guardaba silencio o no lo oíamos, nos entraba el pánico.

Un día salimos al patio y lo encontramos jugando a la estación de servicio con la manguera del jardín. Al ver el terror reflejado en nuestros rostros, sonrió y repitió lo que antes había oído: «Llénalo, papá, llénalo». Había introducido la manguera de agua en el tanque de gasolina del auto; echaba agua a toda presión. Nosotros gemimos.

Un par de horas más tarde se incorporó al proyecto familiar de construir una jardinera de ladrillo en la cocina. Cuando él desapareció, hallamos que había añadido agua a una mezcla perfecta de cemento preparada en la carretilla, en el patio trasero. Un papá frustrado tuvo que verter toda la pasta y volver a preparar la mezcla.

Ese mismo día, un poco más tarde, cuando no lo oíamos, fuimos a buscarlo. Esta vez se había subido a la parte más alta del armario del dormitorio y bajado sus pinturas al óleo (para pintar con los dedos) que yo había escondido a conciencia. Cuando llegamos al dormitorio se las había arreglado para pintarrajear con los dedos en las paredes y en la lujosa alfombra rosada que nunca volvió a tener el mismo aspecto.

A Brent también le gustaba sentarse y jugar con sus juguetes debajo de mi piano de cola mientras yo ensayaba. Cada vez que tocaba cierta escala diatónica de su sonata favorita de Mozart, estallaba de risa. Le encantaba aquella sonata. Parecía que le hacía cosquillas cada vez que la escuchaba.

Como a la edad de siete años quiso aprender piano. Comenzamos y dejamos varias veces las clases. Por fin, estaba preparado para dar su primer recital, elegantemente vestido con una chaqueta Eton y su corbata de moño. Se puso delante del piano, ajustó la banqueta y puso sus manos sobre las teclas.

Al llegar a la segunda línea, su mente se quedó en blanco. Volvió a comenzar y le ocurrió lo mismo. Después de intentarlo por tercera vez, se puso en pie y saludó para recibir un clamoroso aplauso.

Las clases empezaron a degenerar. Llegamos al colmo un día en que se tumbó sobre la banqueta, puso los pies sobre el teclado y tocó el piano con los dedos.

Me planté, anuncié que las clases de piano terminaban y salí de la habitación. Fue un día feliz para Brent y nunca lo lamentó.

WEDGE ERA METICULOSO

Los años fueron pasando y Wedge seguía trabajando en la construcción. Yo lo califico de *perfeccionista* porque destaca por su precisión en todo lo que hace. Un sábado nos ausentamos de la ciudad para asistir a un encuentro de iglesias de la zona, y dos de nuestros miembros decidieron dar un impulso a la construcción levantando el muro de bloques de la fachada de la iglesia. Como no volveríamos hasta bien entrada la noche, tendrían tiempo de terminarla y darle una sorpresa al pastor.

Cuando regresamos a Alamogordo, Wedge quiso pasar por la iglesia para echar un vistazo. Cuando vio la pared recién levantada, su corazón se le vino abajo. Las filas estaban torcidas, los bloques no estaban bien alineados. Según él, todo lo que hicieron estaba mal. El lunes por la mañana derribó toda la sección y volvió a construirla.

Más adelante, hubo un segundo conato de ayuda al «hermano Alman» mientras estaba fuera de la ciudad. Esta vez unos hombres intentaron convencer a ciertos albañiles profesionales, pero Wedge se había granjeado cierta reputación en la industria de la construcción. Los albañiles respondieron: «Ah, ¿se refieren a la iglesia que están levantando entre las calles Siete y Virginia? De ninguna manera. Ese predicador ha colocado perfectamente bloques y ladrillos. Ni nos atrevemos a tocarlos».

Así que todos esperaron, aunque impacientes, a que Wedge terminara. Algunos dicen, medio en broma medio en serio, que si alguna vez se produce una explosión atómica, todo el mundo correría a refugiarse en la iglesia, porque está edificada a conciencia sobre unos cimientos extraordinarios y muros bien reforzados.

BATALLAS ESPIRITUALES

No todo fue fácil ni divertido. Confrontamos problemas y batallas. Por ejemplo, una mujer, a quien consideraba amiga, me estuvo gritando por quince minutos un domingo por la tarde, después del culto, con voz «profética» porque vestí pantalones y me corté el pelo. Y a veces orábamos y los cielos eran de bronce. A veces dudábamos si éramos o no salvos.

Llegó un momento en que los problemas ya no eran los demás. Nuestro matrimonio comenzó a desintegrarse. Cada vez nos gustábamos menos. A menudo perdíamos la calma. Las explosiones de ira se hicieron frecuentes. Nuestro amor se enfrió. Discutíamos continuamente. Si hubiera habido una forma fácil de separarnos quizás lo habríamos hecho. Yo estaba dispuesta.

Pero un día, en un momento de lucidez, Wedge me dijo: «Shirley, necesitamos culpar a quien es realmente responsable de este desbarajuste. Satanás no quiere que continúe este trabajo. Quiere que dejemos de hacer cosas para el Señor. Reconozcamos la fuente de nuestro problema. No eres tú ni soy yo; es el enemigo que nos odia».

Con esta revelación, sumamos nuestras fuerzas para pelear contra él, en vez de uno contra el otro. Me sentí muy agradecida por aquella palabra de sabiduría de mi marido. Con lágrimas corriéndonos por las mejillas, nos pedimos perdón uno al otro y se lo pedimos a Dios por no haber vivido de acuerdo a los principios bíblicos.

Nuestro matrimonio cambió radicalmente. Nos dimos cuenta de que Satanás es un artista para acusar y desanimar, y resolvimos reconocer sus ataques y combatirlo más eficazmente.

Luego hubo una época en que la gente dejó de asistir a la iglesia. Una familia tras otra dejó de ir sin dar ninguna explicación. Finalmente alguien nos dijo que la gente se marchaba porque el señor y la señora X decían que íbamos a vender la iglesia y marcharnos con el dinero.

Aunque se nos hubiera ocurrido tal cosa, habría sido imposible llevarla a cabo, ya que el edificio estaba registrado a nombre de la denominación. No entendíamos cómo podían pensar algo tan absurdo. Gastábamos toda nuestra energía y gran parte de los recursos en completar la construcción de la iglesia. No sabíamos cómo dar a la iglesia más de lo que ya dábamos.

Nos sentimos lastimados y sangrantes. Yo estaba atormentada por lo que esa pareja estaba haciendo. Continuaron asistiendo a la iglesia, pero no podía saludarles, no podía sonreírles, ni siquiera mirarles a la cara.

Pensaba en ellos sin cesar: mañana, tarde, noche; fregando platos, limpiando la casa, lavando la ropa, planchando, haciendo otras tareas. Mi vida espiritual comenzó a marchitarse, erosionada por el odio.

Una mañana que me encontraba sola en casa, me arrodillé al lado de la cama. Hice una oración más o menos así: «Dios, mírame. Soy la esposa de un pastor. Quiero ser misionera. No obstante, albergo odio en mi corazón, un odio terrible contra el hermano y la hermana X. No sé cómo librarme de él. Tu palabra dice que el odio es lo mismo que el homicidio y los homicidas no van al cielo». Lloré y supliqué: «Señor, no sé qué puedo hacer, pero te pido perdón por cometer homicidio y te pido que lo saques de mi corazón. No sé cómo lo harás. Parece imposible. Te pido que me ayudes».

Me arrodillé con la cabeza apoyada en la cama. Ahogada en llanto, mi cuerpo se estremecía. Finalmente me callé. Esperé mientras las lágrimas caían sobre la cama. Usé un pañuelo tras otro. No recuerdo cuánto tiempo estuve así. Pero al final llegó la paz y me lavó. Me llenó. Me sentí muy limpia. De nuevo empecé a llorar, pero esta vez no eran lágrimas de amargura.

Me di cuenta de que ya no odiaba a aquellas personas. Al domingo siguiente cuando les vi, pude mirarles a los ojos, sonreírles y saludarles.

No creo que Dios les incitara a decir falsedades en contra nuestra. Lo que sí sé es que Dios usó esa situación para revelarme lo que había en mi corazón, para poder así tratar con el pecado.

¡ESCAPE!

Cuando todo parecía tan sombrío, recibimos una llamada telefónica del presidente del Instituto Bíblico Latinoamericano invitándonos a trasladarnos a Ysleta, Texas, para formar parte de la facultad. Wedge enseñaría teología, evangelización y otras materias. Yo enseñaría música. *¡Qué ocasión tan propicia!*, pensamos. *Dios, eres realmente maravilloso por sacarnos de este atasco.*

Trabajaríamos con jóvenes hispanoamericanos y hablaríamos español. Los miembros de la iglesia podrían resolver sus problemas y terminar la edificación. De todas formas, no quedaba mucha gente en la congregación. Estos puestos en la facultad nos serían muy útiles. Nos encantaba el personal del instituto bíblico. Y sería estimulante trabajar con personas que nos aprecien. ¿No es cierto?

Bueno, le contestamos que oraríamos al respecto y que le daríamos una respuesta. Pero estábamos seguros de que esta solo podía ser *positiva*.

A la mañana siguiente, mientras Wedge esperaba en el Señor, con Biblia en español en mano, leyó el pasaje de la Escritura correspondiente a ese día en 1 Crónicas 28. Al llegar al versículo 10, lo que leía repentinamente cobró vida. «Ten presente que el SEÑOR te ha escogido para que le edifiques un templo como santuario suyo. Así que ¡anímate y pon manos a la obra!»

Volvió a leerlo una y otra vez. Le ardió en el alma. Cuando compartió la experiencia conmigo, supimos que debíamos quedarnos donde estábamos hasta que la iglesia estuviera terminada. Nunca volvimos a dudar de ese encargo. Ya no hubo más quejas en cuanto a querer marcharnos.

Los años fueron transcurriendo; más personas conocieron al Señor y el plan de construcción siguió adelante. A veces tuvimos que recordarnos a nosotros mismos ese pasaje y «obligarnos» a ello. ¡Qué palabra tan consoladora fue esa cuando más lo necesitábamos!

La gente pasaba año tras año frente a la obra, que avanzaba a paso de tortuga, observando a Wedge trabajar prácticamente solitario. Nos preguntaban —también nosotros— cómo pensábamos colocar aquellas vigas de acero, de una tonelada de peso cada una, sobre los muros. Wedge replicaba que el Señor proveería. Después de todo, él los había provisto varios meses antes. Wedge recibió una llamada en respuesta a un anuncio que había puesto en el periódico de El Paso. El hombre le informó: «El único problema es que solo tengo cinco. ¿Cuántos necesita?» Necesitábamos *cinco*. Por fin, llegó el día de su colocación. Fue todo un espectáculo ver cómo una grúa de treinta toneladas de las Fuerzas Aéreas de los Estados Unidos colocó las vigas para el tejado. Un gran número de personas contempló el espectáculo. Hasta un fotógrafo del periódico local se acercó a sacar fotos.

CAPÍTULO 5

GRAN DESILUSIÓN, GRANDES CAMBIOS

Al principio, planeamos quedarnos en Alamogordo por solo dos años para «probar» nuestro ministerio, antes de recibir el nombramiento misionero.

Visitamos hogares, aceptaron a Jesús, pastoreamos a los creyentes y aprendimos español, idioma que, según Wedge, es el lenguaje celestial porque lleva una eternidad aprenderlo.

Los años pasaban, sin embargo, y los creyentes seguían siendo niños en los caminos del Señor. Ni siquiera habíamos comenzado la construcción de la iglesia. No podíamos abandonarlos. Así que nos quedamos y los dos años se alargaron. Transcurrieron ocho. Adquirimos una propiedad, erigimos un edificio, plantamos alrededor y colocamos los bancos en la iglesia.

Hicimos más de lo que nos pedía la denominación.

Confiados en que ya estábamos listos para las misiones, solicitamos el nombramiento misionero. Con la preparación técnica de Wedge y mi formación musical, más varios años de experiencia pastoral, yo estaba segura de que nuestra denominación reconocería el potencial que teníamos para el campo misionero. Después de todo, habían pasado ocho años desde que Wedge se graduara con un título en misiones y contempláramos los dos cajones llenos de solicitudes. Ocho años de experiencia misionera, cargados de esfuerzo, sangre, sudor y lágrimas. Ciertamente, la sede de la institución se alegraría de recibir nuestra solicitud.

LLEGÓ LA RESPUESTA

Cuando llegó la respuesta, rasgué el sobre completamente segura de emprender en breve viaje a América Latina.

Después de leer la carta, estallé en sollozos. Su mensaje era sencillo y directo: «Demasiados hijos… una es diabética… dos se acercan a la adolescencia… lo sentimos…» Arrugué la carta y la dejé caer en el suelo.

Nuestros sueños se vinieron abajo. Dios nos desechó. ¿O tenía acaso otros planes? ¿O estábamos todavía en su escuela?

Quebrantada, desilusionada y lloriqueando, me eché en los brazos de Wedge. Él me arrulló: «No llores, cariño. Dios nos abrirá el mar Rojo. Ya lo verás». Sollocé y asentí con la cabeza, aunque me preguntaba cómo lo haría.

¿Cómo nos llevaría a Latinoamérica? ¿Cómo nos abriría el mar Rojo? No conocíamos otro camino más que a través de nuestra denominación.

Intenté no llorar, pero muchas veces realizaba las tareas domésticas con labios temblorosos, fruncidos. Las lágrimas me corrían por las mejillas y caían sobre la vajilla, o en el suelo que estaba fregando, o sobre los papeles de mi mesa. Combatí el rechazo que sentía y la amargura que amenazaba controlarme.

POR FIN, DE CAMINO

Un mes después, durante la conferencia misionera de nuestra iglesia, Alex Bazan, el conferenciante, se alojó en nuestra casa. Todas las noches después de la reunión nos sentábamos alrededor de la mesa para comer y charlar hasta altas horas de la noche.

Con entusiasmo contagioso, nos contó sus experiencias misioneras del verano anterior. Alex viajó al Caribe con un grupo relativamente nuevo de Juventud Con Una Misión, instruido para expresar su fe puerta a puerta. Dios bendijo notablemente su ministerio.

El corazón nos latía con fuerza mientras absorbíamos cada palabra. Apenas podíamos contener el gozo y la esperanza volvió a aflorar en nosotros. ¡Dios *estaba* abriendo el mar Rojo!

¡Qué concepto más emocionante de la misión mundial! Que los jóvenes salieran al campo misionero sin dos (y mucho menos diez) años de experiencia pastoral, sin carreras universitarias ni estudios en el seminario.

Y estos jóvenes estaban guiando a cientos de personas al Señor todos los veranos. Oraban por los enfermos y se rehabilitaban, a veces para sorpresa de los mismos que hacían la petición. Oímos el caso de una novata que se desmayó cuando, después de orar por una persona con una mano seca la vio totalmente recuperada. Hasta aquel entonces nadie sabía que los jóvenes podían ser eficaces en el campo misionero. Los profesionales nos habían dicho que las cosas no se hacían así. Que los jóvenes eran indisciplinados, irresponsables e inmorales. Pero ahora escuchábamos una historia muy distinta. Los jóvenes *sí eran* misioneros eficaces.

Grité jubilosa: «¿Cuándo comenzamos?»

Alex nos prometió contactar con Loren Cunningham, fundador de Juventud Con Una Misión, y hablarle de nosotros. A las pocas semanas nos llamó Loren. Él, su esposa Dar, su hermana Jan y el novio de esta, Jim Rogers, pasarían por nuestra zona en pocos días. ¿Podríamos tener un encuentro con ellos? Ya lo creo.

El día que pasamos con ellos fue una cita divina. Les amamos desde el primer instante. Al compartir su visión de enviar jóvenes al campo misionero, transpiraban amor a Dios y por los que no lo conocían.

Nos enteramos de que ningún miembro de JuCUM recibía salario, siendo cada obrero responsable de recabar sus propios recursos. Esa práctica no era nueva para nosotros porque Dios nos había estado adiestrando por muchos años. Queríamos incorporarnos de inmediato.

Hicimos planes para reunirnos en México, en un servicio de verano de dos meses. Por fin, estábamos *de camino al campo misionero*.

UN VERANO ESPECIAL

Aquel verano de 1965 pedimos una licencia para ausentarnos de la iglesia por dos meses y alquilamos nuestra casa a un oficial de las fuerzas aéreas que la necesitaba exactamente durante el mismo tiempo que íbamos a pasar fuera. Con nuestros cuatro hijos, cuyas edades oscilaban entre siete y catorce años, nos unimos a treinta y cinco jóvenes universitarios para dar testimonio intensivo, sistemático, puerta a puerta, en México. También instruimos a creyentes de iglesias locales para que nos acompañaran en la evangelización, llegando a visitar unos diez mil hogares, a los que distribuimos folletos cristianos y dimos testimonio de Cristo. Los equipos registraron dos mil profesiones de fe.

Esta experiencia nos permitió percatarnos del tremendo potencial que encierra la juventud de nuestras iglesias. Los comunistas ya habían reconocido esta fuerza, reglamentado e instruido a sus juventudes para subvertir gobiernos. Nosotros estábamos convencidos de que Dios levantaría ejércitos de jóvenes cristianos comprometidos para cumplir literalmente el mandato de Cristo de predicar el Evangelio a toda criatura.

Los métodos misioneros de entonces, aunque buenos, no estaban alcanzando a las masas. No había departamento misionero que pudiera permitirse el lujo de preparar y enviar a miles de reclutas. No obstante, estos jóvenes se presentaban, pagaban sus propios gastos, se sometían a una disciplina estricta y se movían en el poder del Espíritu Santo.

Nosotros mismos experimentamos todo lo que Alex nos había contado. JuCUM estaba explorando un método que, según la misión tradicional, fracasaría; pero daba resultado.

De vuelta a Alamogordo

Nuestras vidas nunca serían iguales. Determinamos renunciar al pastorado de la iglesia tan pronto como fuera posible e incorporarnos a JuCUM a tiempo completo.

Al meditar en las experiencias de aquel verano, sentíamos deseos de volver. Por ejemplo, un criminal en un pueblo mexicano abrió la puerta a dos jóvenes, que le hablaron del poder de Dios para cambiar su vida. «Pero ustedes no me conocen; ignoran las cosas terribles que he hecho», alegó.

Se quedaron helados cuando les contó que había asesinado al alcalde de la localidad. Ellos, tartamudeando, le respondieron: «Mire, señor R, no importa cuán gravemente haya pecado. Dios le ama. Él lo perdonará y lo librará de ese estilo de vida si se arrepiente de su pecado».

Eso era exactamente lo que necesitaba oír. Aceptó de corazón a nuestro Dios amoroso y perdonador. Es más, aquella misma tarde acompañó al grupo, yendo de puerta en puerta y contando lo que Dios había hecho por él.

Cuando la gente del pueblo abría la puerta, parecían asustarse, pero él les decía: «Ustedes me conocen. Saben la clase de vida que he vivido. Pero, sépanlo bien, Jesús ha cambiado mi vida y puede cambiar la suya. Escuchen lo que estos jóvenes tienen que contarles».

Y en ese pueblo, todos hacían lo que el señor R decía. Alquiló incluso el teatro de la localidad para que predicaran nuestros jóvenes. Muchos se convirtieron al Señor en aquel pequeño poblado.

Al recordar experiencias como esta, deseábamos llevar a cabo el mismo programa en Alamogordo. Durante las vacaciones navideñas de 1966, nuestra iglesia hospedó a cincuenta jóvenes de diversos puntos de los Estados Unidos para hacer seis días de ministerio puerta a puerta. La campaña, en colaboración con otras iglesias locales, inundó la ciudad de impresos y de testimonios personales. Todos los folletos estaban sellados con el nombre y dirección de las iglesias participantes. Recogimos datos, los procesamos y los pusimos en manos de los pastores locales. Daba resultado en los Estados Unidos, al igual que ya lo diera en México.

Al llegar el viernes, Steve, adolescente californiano cuya vida fue radicalmente transformada en aquella semana, dijo: «Iré a mi casa y haré lo mismo en vecindario».

Y lo hizo. Llamó a todas las puertas de su bloque diciendo: «Hola, soy Steve. Hemos sido vecinos por mucho tiempo y vengo a pedirles perdón por no haber aún compartido mi fe con ustedes. Si disponen de algunos minutos me gustaría contarles lo que ha hecho Jesús en mi vida».

MÁS CAMPAÑAS DE VERANO

Después de aquello, todos los veranos pedíamos permiso para ausentarnos de la iglesia y acompañar a los jóvenes a Latinoamérica. Sentíamos impaciencia por renunciar a la iglesia e ingresar a tiempo completo en JuCUM, porque nos encantaba su mentalidad y sus líderes. Además de ver el potencial de los jóvenes en el campo misionero, vimos también el fruto de su labor. E igualmente importante, vimos la obra del Espíritu Santo en sus vidas. La oración de rendir el *máximo* para el Señor era respondida. Con todo, sabíamos que el número de personas que podríamos alcanzar se multiplicaría si hiciéramos esta labor ininterrumpidamente, no solo en vacaciones de verano.

Viajamos más al sur con los grupos de JuCUM y ministramos en Guatemala, Honduras, Nicaragua y Costa Rica.

EL HOMBRE ENVUELTO EN UNA MANTA

Un día, viajábamos en una caravana de cinco vehículos por las montañas de Honduras, con unos treinta y cinco jóvenes. La carretera se iba volviendo cada vez más peligrosa. Solo había espacio para un vehículo. La montaña se extendía verticalmente hacia arriba, por un lado, y por el otro se abría un abismo brusco. Desde la primera hora de la mañana avanzábamos lentamente.

Era la estación lluviosa. Aquel día tuvimos que bajar muchas veces de los autos y furgonetas para empujarlos y orar que quedaran libres del lodo profundo. ¿Cuántas veces nos quedamos atascados aquel día? ¿Cuántas sandalias y correas desaparecieron bajo nuestros pies, tragados por el fango? Perdimos la cuenta.

Cuando la noche nos sorprendió ya estábamos exhaustos, pero aún forzábamos a los vehículos a seguir adelante. La idea de quedarnos a pasar la noche en aquel paraje era impensable. A lo largo del camino había señales que advertían del peligro de avalanchas. La oscuridad era intensa. ¿No iba nunca a dejar de llover? Se oían rocas rodar y desplomarse por la ladera de la montaña. Confiábamos que se detuvieran antes de golpearnos. La lluvia tronaba al precipitarse por la pendiente. No se veía nada; solo se escuchaba aquel ruido aterrador.

De pronto, los vehículos se detuvieron por completo. La carretera desaparecía. La montaña se había erosionado y cubierto completamente la superficie. No había posibilidad de desvíos. Salimos de los vehículos para comprobar la situación con los faros.

Hicimos lo único que podíamos: tomarnos de la mano y orar. Una chica de diecisiete años recordó: «¡Qué bueno es saber que en mi iglesia están orando por nosotros!»

Después de orar intensamente, nos volvimos a los automóviles y nos pusimos cómodos, aunque en posición vertical. Nos esperaba otra noche en el «Hilton» de JuCUM. Nos estremecimos al cerrar las ventanillas y echar el seguro de las puertas. Nos dormitamos.

Unos golpes agudos en el cristal me sobresaltaron. Un hombre envuelto en una manta me estaba haciendo señas. Bajé la ventanilla. Parecía una escena fantasmagórica.

Se mostraba muy nervioso y hablaba español tan rápido que no podía entenderle. Gesticulaba con las manos, instándonos a desplazar inmediatamente los vehículos hacia otro lugar porque corríamos grave peligro. Lo envié a Wedge, que estaba con los chicos en otro vehículo. Maniobramos hacia donde él nos mostró, alegrándonos de que su amabilidad nos condujera a sitio seguro. Cuando nos volvimos para darle las gracias, había desaparecido de manera tan misteriosa como lo fuera su aparición.

Nadie pudo apenas dormir aquella noche. Las rocas continuaron cayendo quién sabe dónde y el agua siguió su curso por torrenteras cercanas.

Al día siguiente, temprano, llegaron máquinas excavadoras y hacia el mediodía la carretera ya estaba suficientemente despejada como para permitirnos el paso. Cuando pasamos por el lugar donde nos detuvimos la noche anterior, se habían producido más desprendimientos de tierra. Probablemente nos habrían enterrado vivos. Vimos otro coche aplastado por el lodo y las piedras. Podríamos haber sido nosotros.

LOS PISTOLEROS

En una ciudad nicaragüense, un grupo se encontró con un hombre que abrió gozoso su corazón al Señor. Al otro extremo de la ciudad, otro grupo obtuvo una respuesta similar. Como de costumbre, los jóvenes invitaron a los convertidos al servicio vespertino de la iglesia que los hospedaba.

Los grupos no sabían que algunos meses antes, los dos hombres estuvieron implicados en una reyerta con tiroteo. Uno resultó herido y el otro fue a la cárcel. Llenos de ira, ambos se amenazaron de muerte si volvían a encontrarse.

Aquella noche, los dos hombres, de distintos barrios de la ciudad, se vieron en la iglesia. Ambos se asustaron mucho, pensando que uno sería asesinado por el otro.

Uno de ellos acudió al pastor para explicarle por qué no le sería posible volver a la iglesia. El pastor le respondió: «Ustedes recibieron al Señor en su corazón, ya no deben temerse uno al otro. Ahora son hermanos». La disputa se zanjó con un abrazo, insistiendo ambos en bautizarse en la misma ocasión.

PELUCAS EN LA PARED

Para algunas iglesias de América Central era pecado que las mujeres se cortaran el pelo. Para no ofender a las nacionales, rogamos a las chicas con pelo corto que usaran pelucas para la campaña de verano.

Una noche después del culto, mientras extendían sus sacos de dormir en el suelo, colgaban sus pelucas en la pared y se disponían a acostarse, un ratón cruzó la habitación.

Sus chillidos espeluznantes despertaron al pastor y a su esposa que dormían en la habitación contigua. Al llegar apresuradamente donde las chicas gritaban, vieron las pelucas colgadas de la pared y se sorprendieron de que ninguna se pareciera a las que colaboraban con ellos a diario. Las chicas estaban mortificadas.

Después de calmarlas, el pastor y su esposa se dieron prisa en retirarse y, al instante, estallaron de risa. Cuando ellas los oyeron, también estallaron con una risa histérica.

Al día siguiente las chicas explicaron por qué llevaban pelucas. Entonces el pastor les aseguró que en su iglesia el pelo corto no representaba problema alguno.

Una cárcel cambiada

En Tegucigalpa, Honduras, otro grupo obtuvo permiso del carcelero para visitar a los presos. Después de ministrar allí día tras día, muchos de los dos mil presos se convirtieron a Cristo, lo que cambió completamente la atmósfera de la prisión. El guardián les dijo: «Yo no sé lo que les están predicando, pero estos presos, ¡vaya si están cambiando! Ya no pelean, y los que cultivaban marihuana la han dejado secar. No importa lo que hagan, sigan haciéndolo, sigan visitando esta cárcel».

Libres para trabajar con JuCUM

Regresamos a Alamogordo. Llegó el día de la dedicación oficial de la iglesia, a la que asistió el superintendente del distrito. Nuestra tarea finalizó. Habíamos permanecido allí diez años.

Cuando presentamos nuestra renuncia, varios hombres adultos se levantaron y salieron del auditorio llorando, con ojos enrojecidos e hinchados, incluidos los míos.

A la semana siguiente, los miembros de la iglesia nos presentaron una petición firmada solicitando que nos quedáramos. Pero sabíamos que habíamos oído a Dios. La palabra que nos dio fue clara. El día que partimos de Alamogordo fue maravilloso y terrible al mismo tiempo. Dejamos atrás personas a quienes amábamos y apreciábamos.

Después de empacar nuestras pertenencias, nos trasladamos a California, donde dirigí la oficina internacional de JuCUM de 1967 a 1972. Wedge distribuía su tiempo enseñando en el Instituto Bíblico Latinoamericano, en La Puente, predicando en iglesias y reclutando jóvenes para servicios de verano en países lejanos. Fuimos el primer matrimonio que nos incorporamos a JuCUM a tiempo completo.

Wedge inició el ministerio de casetes de JuCUM con un presupuesto muy precario. Adquirió diez grabadoras averiadas, las reparó y las conectó en paralelo para poder duplicar diez casetes al mismo tiempo. Cuando recibíamos pedidos grandes, trabajaba día y noche. Dormía en la sala de grabación y ajustaba la radio para despertarse con música estruendosa cada vez que había que dar la vuelta a los casetes.

Marty DeFebbo llegó desde Nueva Jersey para trabajar conmigo. Nos frustrábamos muchísimo con la impresora A.B. Dick 360, aun cuando el vendedor nos garantizara que incluso las mujeres podían hacerla funcionar. Al término de un día de pugna para imprimir nuestro boletín *Avance*, las lágrimas nos regaban caras pintarrajeadas de tinta, dedos y uñas ennegrecidos. Llorábamos y nos enfadábamos con aquella máquina. Intentamos incluso imprimir con guantes de goma. ¡Cuán bien recibido fue el artista e impresor Dave Ravenhill cuando se sumó al personal! Parecía saber todo lo que nosotras ignorábamos. Él diseñó el primer logotipo de JuCUM, usado por muchos años.

Me encantaba procesar las solicitudes. Los jóvenes respondían ilusionados al concepto misionero de temporada corta que era aún tan novedoso. Viajaban a México, América Central, Europa, Asia, Pacífico Sur, Canadá y a través de los Estados Unidos. Enviamos también nuestro primer grupo alrededor del mundo, que dio literalmente la vuelta al globo, ministrando durante todo un año. Cada año JuCUM visitaba más y más países y movilizaba a cientos de personas. Por fin, inauguramos nuestro primer centro de formación en Suiza, que abrió las puertas al establecimiento de nuevas bases en Europa.

La responsabilidad de Wedge y mía estaba en hispanoamérica; otros se encargaban de reclutar y llevar grupos a otras partes del mundo. La misión iba creciendo y muchos dejaban sus empleos y se unían a tiempo completo como Floyd y Sally McClung, Arnie y Heidi Breitcrutz, Bill y Sharon Johnston, Jim y Carol Carmichael entre otros. Bernie Coff y Lorraine Thetge ya llevaban algunos años formando parte del personal.

Nuestra primera reunión de personal se celebró en una sala. Asistimos un total de doce personas que era todo el personal. Mientras residíamos en California sobrepasamos los treinta.

Cuando partimos para California en 1967, dejamos nuestra casa de Alamogordo en manos de un agente inmobiliario. Pero teníamos que continuar pagando la hipoteca. Un mes no pudimos hacer frente al pago, ni tampoco al siguiente. Después de cumplirse el tercero, recibimos una nota de embargo. Estábamos destrozados. Significaba que perderíamos el derecho de propiedad que habíamos adquirido sobre nuestra vivienda.

Hablé de esto con Loren un día en su oficina. Mostró su pena y exclamó:

—Shirley, no pueden perder su casa. ¿Cuánto deben?

—Trescientos dólares.

A los dos días llegó a la oficina con la suma en un sobre.

No podíamos creer que alguien hiciera esto por nosotros. Representaba una enorme cantidad de dinero para él y Darlene. Sabíamos que suponía un gran sacrificio. Pero a través de aquella experiencia aprendimos a ser sensibles a las necesidades de los demás y a *dar* de manera sacrificada. ¡Esto ocurrió hace más de treinta años, pero nunca hemos olvidado su generosidad!

Rescatamos nuestra casa del embargo y pudimos pagar regularmente las mensualidades hasta que la vendimos varios años después.

NUESTRA FAMILIA

Nos encantaba California. Los niños pronto se apuntaron en las actividades de la iglesia y del colegio. Disfrutaban especialmente cantando en el coro de la iglesia, formado por ochenta jóvenes. A Bárbara, ya adolescente, le encantaba actuar con el grupo dramático.

Bárbara era una alumna estudiosa. Se presentó a las elecciones de secretaria de su clase. Pintamos y colgamos pancartas que anunciaban por todo el recinto *La Felicidad es Bárbara para Secretaria*. Ella las ganó.

El verano que se graduó en la escuela secundaria Workman, sintió que debía viajar con su padre a América Central para cumplir nuestro servicio de verano. Lo más destacado de aquella temporada fue, para ella, la visita al palacio presidencial de Managua, Nicaragua, donde distribuyó porciones del Evangelio. Controlaba su diabetes con estricta disciplina, cuidaba de su salud y se inyectaba una inyección diaria de insulina.

A Rob, también en la escuela secundaria, le encantaban los deportes: el salto de pértiga y el campo traviesa. Tenía talento musical. Le concedieron un trofeo al «Miembro más valioso» de la banda que aún se exhibe en las vitrinas de la escuela Workman. Fue también miembro de la banda de policía de Burbank y de la banda de marchas de la escuela. Fue miembro de los Golden Tones, trío de trompetas de la iglesia. Rob y yo lo pasamos muy bien haciendo arreglos musicales para el trío, hasta que la colocación de un aparato de ortodoncia puso fin a su carrera musical. Le desmontaron el aparato después de salir de la escuela e interesarse por otras cosas.

Crystal era una buena estudiante, le gustaban los libros y aprendió a hacer lecturas rápidas. No era raro encontrar al lado de su cama cinco o seis libros leídos por la noche. Fue ayudante de la profesora de manualidades, lo que le permitió desarrollar sus cualidades creativas innatas en lo que se refiere a la costura y la cocina. Le encantaba diseñar e incluso fabricó su propio telar.

Aunque a Brent no le gustaba mucho el colegio, siempre me maravillé de que fuera capaz de resolver una ecuación de álgebra sin tener que recorrer los pasos intermedios. Se convirtió en ávido lector y experto jugador de ajedrez y tenis de mesa. Viajó con nosotros a muchos países, con lo que su educación ganó un extraordinario valor agregado.

En los seis años que vivimos en California, Dios nos preparó para afrontar nuevos desafíos en nuestra vida de fe.

CAPÍTULO 6

OTROS PASOS DE FE

Las filas de Juventud Con Una Misión fueron aumentando con el paso de los años. En 1972, contábamos con jóvenes que hacían evangelización personal en los cinco continentes.

Ministramos en casi todos los países de América Central, exceptuando Belice y Panamá, que visitaríamos en otra ocasión. Seguíamos viviendo en California y las cosas marchaban bien. De pronto, fue como si Dios carraspeara para reclamar nuestra atención. Tenía algo más que decirnos y enseñarnos.

VUELTA A LAS AULAS

Un domingo, a principios de 1972, después del culto, nos sentamos a la mesa con Jim y Joy Dawson, amigos neozelandeses, que se habían trasladado a California para servir con JuCUM. Los admirábamos y estimábamos enormemente la opinión de estos dos gigantes de la fe.

Mientras charlábamos tomando café y pasteles, Joy frunció repentinamente el ceño y sus ojos escrutaron el interior de nuestra alma. Luego dijo en un hermoso acento kiwi (neocelandés): «No entiendo por qué el director de JuCUM Latinoamérica vive en los Estados Unidos y no en ese continente».

Fue solo una declaración, pero nos sentimos obligados a responder la pregunta implícita. Tartamudeamos y, por fin, conseguimos farfullar algo como: «Todos los líderes de JuCUM residen en su país de origen y dirigen grupos por otros países en la temporada vacacional».

Nuestra explicación no sirvió de nada, pero sus palabras produjeron el mismo efecto que una bomba retardada en el alma.

Por siete años Wedge y yo dirigimos grupos en México, Nicaragua, Guatemala, Honduras y Costa Rica. Eso era Latinoamérica para nosotros.

Mientras tanto, vivíamos cómodamente en nuestro país. La mayor parte de los líderes también. Habíamos vivido seis años en California.

NUESTRO CONFLICTO

Contemplamos la idea de vivir en Latinoamérica. En las semanas que siguieron dimos vueltas a la cuestión. El comentario de Joy repicaba en nuestro corazón. Éramos consciente de que Dios la había usado para empujarnos a dar el paso de mudarnos a Latinoamérica. Después de buscar a Dios intensamente, tuvimos plena convicción de que debíamos trasladarnos a México.

Este paso gigantesco significaba para nosotros dejar atrás a Bárbara, que ya estaba casada y tenía un bebé: Shannon; y a Rob, que trabajaba y vivía en su propio apartamento. Fue especialmente difícil dejarlo ya que estaba enyesado tras haber sufrido un grave accidente de motocicleta. Solo Crystal y Brent nos acompañarían.

¿Podríamos vender nuestra casa de Alamogordo? La pusimos en venta unos años antes, pero nadie la compró. Alamogordo sufrió una recesión profunda cuyas consecuencias hicieron mella en el mercado inmobiliario.

Y en México, ¿dónde viviríamos? ¿Cómo? ¿Qué clase de apoyo tendríamos?

El mismo Dios que había guiado a Wedge a dejar su trabajo en White Sands Proving Grounds, que nos mandó a renunciar a la iglesia y trasladarnos a California, ahora nos pedía mudarnos a México. Hacía mucho que habíamos escogido escuchar su voz y obedecerla. Aunque teníamos preguntas, estábamos deseosos de obedecerle.

La misma semana que decidimos trasladarnos a México se vendió la casa. A medida que afrontamos la incertidumbre de la mudanza, todas las piezas fueron encajando y nuestro entusiasmo aumentó.

Nos sentimos como Abraham en Génesis 12, que salió de viaje sin saber hacia dónde se dirigía, a cuánto ascendería su salario o qué haría cuando llegara al nuevo territorio. No es posible tener más interrogantes juntas. Pero Abraham sabía que Dios era completamente digno de confianza, y nosotros también lo sabíamos, porque nos lo había demostrado en los últimos doce años.

Lo vendimos casi todo. Mi piano de cola fue lo último que nos quedó por vender y confieso que se me hizo un nudo en la garganta cuando traspasó la puerta. Luego recordé lo que el Señor me dijo años antes, en Alamogordo, cuando tuve al fin todas las habitaciones decoradas como me gustaba: «Shirley, todo lo que tienes es gracias a mi provisión». Sí, Señor. «Mantén todas las cosas que aprecias con las manos abiertas. No te aferres tanto a ellas que no puedas dejarlas cuando yo te las pida».

Había llegado el momento de dejarlas. Yo también estaba lista para partir. Es más, lo deseaba. El gozo que produce la obediencia sobrepasaba en mucho cualquier apego que tuviera a mis posesiones.

CASI LISTOS

Cuando ya casi no nos quedaban muebles y las cajas y maletas estaban preparadas, no teníamos el menor indicio de la forma en que Dios planeaba hacer la mudanza. Él no tenía prisa y, después de todo, era problema suyo, no nuestro. Pero francamente nos sentíamos más cómodos dentro de sus planes, y queríamos que se diera prisa. Nos probó hasta casi el último minuto.

Un día, a las diez de la noche, sonó el teléfono:

—Soy el pastor Ángel, de la iglesia Lakeview Neighborhood, y hemos oído que se van a marchar a México como misioneros.

—Es cierto —respondió Wedge, con curiosidad.

—Bueno, nuestra iglesia busca misioneros en México para apoyar. Nos gustaría ayudarles con veinticinco dólares al mes.

Wedge frunció el ceño, sin acabar de creer lo que oía.

—Pero ustedes ni siquiera nos conocen.

—Bueno, sabemos bastante acerca de ustedes y queremos apoyarles.

Aunque el pastor Ángel nos hubiera prometido mil dólares, no por eso hubiéramos sentido más entusiasmo. Fue como el primer cheque de diez dólares que aquel hombre de Alamogordo introdujo en el bolsillo de Wedge doce años antes. Era como una señal para recordar que podíamos confiar en Dios por el resto de las veces. Con aquella promesa de veinticinco dólares al mes, salimos para establecernos en otro país. Ahora sí que nos sentíamos misioneros.

DE CAMINO

Unos amigos nos prestaron una pequeña casa rodante para remolcar que llenamos con todas nuestras pertenencias. Cuando por fin estuvimos listos para lanzarnos a la carretera, Wedge notó que el exceso de peso aplastaba los neumáticos. Como solo teníamos suficiente dinero para llegar hasta Puebla, Wedge sacudió la cabeza y dijo: «Estas llantas no resistirán ni siquiera cinco kilómetros por la autopista, mucho menos aguantarán hasta Puebla. Se derretirán por la fricción excesiva». Sabía lo que decía después de muchos años de experiencia con los vehículos.

Crystal, Brent y yo ya estábamos dentro del automóvil. Así que nos hizo salir y orar con él por las llantas. Puso las manos sobre la casa rodante diciendo: «Señor, no podemos comprar neumáticos nuevos, por lo que te pedimos que los toques, los normalices y los hagas llegar a Puebla. Gracias porque lo harás. Te lo pedimos en el nombre de Jesús. Amén».

Esperamos un instante y volvimos a mirar. Uno por uno, abrimos cautelosamente los ojos para ver las llantas. Estaban *exactamente* igual que antes de orar. Nada había cambiado.

Miramos a Wedge, pero él no se dejó intimidar. «A México», ordenó. Nos metimos en el auto y nos lanzamos por la autopista.

Después de recorrer algunas millas, Wedge se detuvo en la orilla para comprobar cómo estaban las llantas de la casa rodante. Solo estaban tibias, ni calientes ni derritiéndose, como sería lo más normal.

«Hurra», gritó. «Dios ha contestado nuestras oraciones».

Viajamos por autopistas y cubrimos todo el trayecto hasta Puebla (unos tres mil kilómetros) sin incidente alguno. No sufrimos siquiera un pinchazo, a pesar de los baches que pasamos por las carreteras mexicanas.

PUEBLA, MÉXICO

Unos amigos misioneros de Puebla, ausentes por un año, nos dejaron usar su cuarto piso sin ascensor, pero acogedor, amueblado al estilo tradicional. La ciudad de Puebla es la capital del estado del mismo nombre y contaba aproximadamente con un millón de habitantes. La gente es amable. Nos adaptamos rápidamente, aunque tuviéramos que lavar y secar la ropa en la azotea.

Muy animados por vivir ya en el campo misionero, nos lanzamos a toda máquina a retar a los jóvenes mexicanos a alcanzar a su generación con el Evangelio.

Los equipamos en seminarios breves que llamamos Miniescuelas de Evangelización. Nos prestaron también un instituto bíblico, cerrado por vacaciones, para impartir un curso de formación de un mes. Salíamos a las calles, mercados, plazas y a visitar hogares, aprovechando cualquier oportunidad que se ofreciese para compartir a Jesús con la gente. También predicamos en iglesias por todo México.

En uno de nuestros viajes nos detuvimos en una estación de servicio para llenar el tanque de combustible, remolcando la pequeña casa rodante. Esta vez la empleada era una chica de unos dieciocho años. Nos preguntó amablemente qué podía hacer por nosotros. Mientras esperábamos dentro del auto, Wedge echó un vistazo por el espejo retrovisor y vio que estaba llenando el depósito del agua de la casa rodante, no el del automóvil. Resopló y salió corriendo.

—¿Por qué echa gasolina en el depósito del agua de la casa rodante? —inquirió Wedge.

Ella respondió:

—Usted me pidió que lo llenara.

Él procuró explicarle que la casa rodante no llevaba motor y que no necesitaba gasolina, pero ella continuó justificándose.

Cuando Wedge rehusó pagar la gasolina, la chica llamó por teléfono al dueño y le instó a que acudiera pronto a la estación. Este se disgustó y se alarmó, dándose cuenta de la naturaleza explosiva del vapor de gasolina en la casa rodante. Se disculpó de inmediato y puso a sus empleados a extraer todo el combustible que pudieran aunque, por supuesto, ya nunca pudimos volver a usar el depósito del agua.

Wedge le dijo:

—Bueno, al menos tendré una buena historia que contar a mis nietos.

El dueño replicó:

—Por favor, señor, no cuente esto a nadie.

Los empleados hicieron todo lo que pudieron por extraer la gasolina del depósito. Wedge dio las gracias al dueño por su esfuerzo sincero y nos marchamos. ¿Olvidaríamos alguna vez aquel incidente memorable?

MÁS APOYO, MÁS ÁNIMO

Después de pasar en Puebla una temporada, unos amigos de Las Vegas, Nevada, se hicieron la siguiente promesa: «Si Wedge y Shirley salen al campo misionero, los ayudaremos». Y así lo hicieron. Empezaron con veinticinco dólares al mes, cantidad que aumentaron progresivamente. Más tarde se añadieron otros que constituyeron parte de nuestro apoyo económico básico. La iglesia de California que nos apoyó desde el principio se deshizo y su propiedad fue traspasada a JuCUM. Con todo, el pastor Ángel y su esposa continuaron apoyándonos con sus recursos personales.

La provisión de Dios era oportuna y preciosa. Rara vez teníamos más de lo necesario para cada día, pero nunca nos faltó lo necesario.

EN QUERÉTARO

Wedge, acompañado de un equipo de jóvenes que capacitamos en Puebla, se fue a Querétaro por un par de semanas para ministrar en un esfuerzo conjunto, casa por casa, en el que participaron cinco iglesias. Antes de regresar, a Wedge se le ocurrió que le gustaría conocer a los sacerdotes de la Iglesia Católica. Por ese tiempo las iglesias católicas de la zona celebraban un retiro para cursillistas, con diversos actos y conferencias. Al pasar por la iglesia uno de los sacerdotes, el padre Gonzalo Cabo Ramos, invitó al grupo a participar en el evento y a cantar en la misa.

Wedge era consciente del terreno peligroso que pisaba. Este tipo de intercambio era impensable en una ciudad en la que evangélicos y católicos se habían trabado en violentos conflictos callejeros durante una procesión en honor de la Virgen María. Un periódico había publicado una foto en la que un pastor evangélico aparecía demoliendo una estatua de esta en la plaza de la ciudad con un mazo.

La tensión aún se notaba. Sin embargo, en los dos días que precedieron al retorno de los grupos a Puebla, surgieron nuevos vínculos de amistad y confianza.

Como unos seis meses más tarde, recordando la amabilidad que se le había mostrado, Wedge volvió a visitar al padre Cabo Ramos. En esta ocasión, Wedge le propuso que un grupo de JuCUM visitara Querétaro para trabajar con los jóvenes católicos. Le explicó que los prepararían y después irían testificando puerta por puerta, para obedecer al mandato de Cristo de llevar el Evangelio a toda persona en esa ciudad.

El sacerdote miró a Wedge por encima de las gafas redondas, estilo español, y le dijo:

—Parece interesante, pero, *¿de qué se trata?*

Wedge le habló de la Gran Comisión. El sacerdote dudó por un momento y después objetó:

—Pero si alguien abriera la puerta, mis jóvenes no sabrían qué responder. Probablemente se desmayarían allí mismo.

Wedge replicó:

—Bueno, pondremos un joven de los nuestros con uno de los suyos y así ambos aprenderán.

El sacerdote hizo una pausa y añadió:

—Bueno… entonces vayamos a hablar con los responsables de los jóvenes y veamos qué les parece. A todos ellos les pareció bien.

Entonces el padre Cabo Ramos dijo:

—Muy bien, mañana iremos a ver al obispo y veremos qué le parece su propuesta.

El obispo era alto e imponía respeto con su sotana negra. Su rostro se mostraba afable y brindó a Wedge una bienvenida calurosa. Después de escuchar con atención su propuesta le dijo: «Está bien. Haremos lo siguiente. Concédame dos semanas para enviar cartas pastorales a todos los sacerdotes de la zona para avisarles de su venida. Luego vendrá usted con sus jóvenes». Fijaron la fecha y se despidieron con un abrazo.

Salimos de la oficina episcopal llenos de júbilo por habérsenos mostrado una actitud tan receptiva. Pero aquella noche, cuando Wedge estaba haciendo la maleta para regresar a Puebla a la mañana siguiente, el padre Cabo Ramos llamó a la puerta de su habitación del hotel.

—Hermano Wedge, hay todavía una cosita que no comprendo.

—*¿De qué se trata?*

Wedge se enteró de que el obispo había llamado al padre Narváis, presbítero regional, para pedirle que su iglesia se encargara de albergar al grupo de JuCUM que el primero iba a llevar. El padre Narváis preguntó al obispo:

—¿Es católico?

Este respondió:

—No, pero es un hombre de Dios.

DÍAS EMOCIONANTES, MARAVILLOSOS

El día concertado llegó nuestro grupo procedente de Puebla y se alojó en la casa parroquial del padre Narváis. Todas las mañanas, durante diez días, Wedge enseñó a los jóvenes de la iglesia hospedadora. Por las tardes salían a testificar puerta por puerta, acompañados por los JuCUMeros.

Al segundo o tercer día, algunos jóvenes católicos comenzaron a decir: «Yo no tengo lo que están ofreciendo. Yo también quiero que el Señor entre en mi corazón». Y uno por uno se entregaron al Señor.

Incluso varios sacerdotes quisieron participar del gozo de guiar almas a Jesús. Uno cargó de folletos su pequeño Volkswagen escarabajo rojo. Después, estacionó en un cruce, entre dos calles, y predicó con altavoz encima del auto mientras los jóvenes bombardeaban toda la zona con folletos acerca de cómo ser salvo.

¡Y vaya si predicaba aquel sacerdote! Le oímos decir: «Si tu religión no ha cambiado tu vida, entonces tu religión no sirve». Estaba tan entusiasmado con su nueva vida en Jesús que, cuando adoraba, le corrían las lágrimas por las mejillas.

Una joven monja, Dulce María, asistió a las sesiones de enseñanza todas las mañanas. Sospechaba de nuestras enseñanzas y actuaba, por su cuenta, como guardiana de la fe. Un día después de la clase dijo:

—Bueno, creo que debemos hacer una oración a la Virgen.

Sin inmutarse, Wedge replicó:

—No sé cómo, Dulce María. ¿Por qué no haces tú esa oración?

Y la hizo.

A los pocos días, esta mujer franca, terca, rindió totalmente su corazón a Cristo. Entonces el péndulo giró hacia el otro extremo y empezó a criticar a su propia iglesia. Pero, en los años siguientes, encontró el equilibrio. Hoy se dedica al ministerio cristiano a tiempo completo, y muestra un amor profundo por los católicos.

La última noche de la campaña, Wedge, desde el hermoso estrado de mármol de la iglesia del Santo Niño, predicó la Palabra de Dios. Los JuCUMeros y algunos católicos nacidos de nuevo lo rodeaban de un extremo a otro de la ancha plataforma. Se agarraron de la mano y pidieron la unción de Dios sobre el mensaje. Cuando se hizo la invitación, la gente pasó al frente y se arrodilló alrededor del altar para hacer de Jesús el Señor de sus vidas.

Después del servicio, uno de los jóvenes católicos se acercó a Wedge y le consultó: «Yo oré por los que pasaron al frente, como usted nos encargó. Pero, dígame, ¿qué fue esa electricidad que sentí en el brazo al poner mis manos sobre ellos?» Wedge le explicó que era el poder del Espíritu Santo.

¡Qué noche tan memorable! Dios había vuelto a usar a los jóvenes, sin tener en cuenta su filiación religiosa. Fue estupendo.

OTRA VISITA

Más adelante, Wedge y yo regresamos a Querétaro para ministrar en una iglesia evangélica, aunque nos alojamos en la casa parroquial, con el padre Narváis y su hermana, que era el ama de casa.

La última noche que pasamos con ellos, Wedge me confió que no teníamos suficiente dinero para comprar gasolina hasta la siguiente ciudad en que debíamos enseñar. Pero añadió: «Estoy seguro que esta noche recogerán una ofrenda en la iglesia evangélica».

Predicar, sí que predicó. Pero no se recogió ninguna ofrenda para nosotros. Casi pude escuchar a Dios decirme: «Después de confiar todo este tiempo en mí, ¿vas ahora a confiar en las ofrendas?» No, nuestro ministerio habría sido demasiado limitado si los recursos hubieran dependido de las ofrendas. La confianza en Dios era la única forma de cubrir los muchos e imprevistos gastos del ministerio.

A la mañana siguiente, nos arrodillamos al lado de la cama plegable, en la casa parroquial contigua a la iglesia católica. Pedimos la ayuda de Dios. «Señor, ¿qué vamos a hacer? Por favor, sopla en el tanque de combustible o haz lo que sea necesario para poder cumplir con nuestro próximo compromiso».

Después, con fe sencilla, salimos, pusimos el auto en marcha y nos aproximamos a las verjas de hierro que daban a la calle.

De repente, oímos: «Hermano Wedge, hermano Wedge». Miramos hacia atrás y vimos al padre Narváis que venía corriendo, con la mano extendida. Nos alcanzó justo al llegar a las verjas. Le entregó un sobre a Wedge diciendo: «Hermano Wedge, esta es una pequeña ofrenda para ustedes». El sobre contenía más de lo que necesitábamos para llegar a nuestro destino.

Recordando experiencias como esta, me maravillo de la creatividad de Dios. Nos ha enseñado una y otra vez que no hay situación imposible para él si la ponemos en sus manos. Puede suministrar gasolina tan fácilmente como abastecer de alimentos la mesa. No se le puede encasillar en un sistema. Rara vez hace las cosas de la misma manera. Su creatividad nunca deja de sorprendernos.

EL NIDO VUELVE A AGITARSE

Aquellos fueron días emocionantes, maravillosos. No obstante, para nosotros, México no era más que una plataforma de lanzamiento porque el Señor volvía de nuevo a agitar el nido. Wedge y yo comenzamos a hablar de Sudamérica. Elaboramos un itinerario, en oración, porque creíamos que Dios no solo quería levantar jóvenes misioneros en México, sino también en los demás países sudamericanos.

CAPÍTULO 7

VIAJE PILOTO

«¡Nos faltan doscientos dólares! ¡Y tenemos que recoger los pasajes hoy!», clamé casi con desmayo.

A finales de 1973, Wedge y yo planeábamos hacer un viaje piloto a través de Sudamérica, que incluía dieciocho ciudades y quince países. Habíamos planeado detalladamente el itinerario con un agente de viajes, pero nadie más lo sabía excepto los que trabajaban con nosotros. Cuando, inesperadamente, llegaron fondos de varias fuentes en las dos semanas precedentes, recibí el dinero como una provisión de Dios para cubrir los gastos del viaje. Ni siquiera se me había ocurrido que el dinero no nos alcanzara, como, en efecto ocurrió.

El viaje tenía por objeto sostener un encuentro con pastores y misioneros nacionales para presentarles nuestra visión para capacitar y movilizar jóvenes hispanos para las misiones. Este concepto era nuevo en Sudamérica.

Ya habíamos escrito a algunos líderes cristianos de cada país, informándoles de nuestra llegada. Ellos respondieron calurosamente y prometieron recogernos en el aeropuerto cuando llegáramos.

En Puebla, tuvimos suficiente comida y dinero para cada día, pero rara vez más. Cuando la gente acudía a nosotros para recibir ministerio personal o visitarnos, solían llevarnos huevos o pan o un billete de veinte pesos en la mano para depositar lo que equivalía a un dólar y medio. Era a la vez humillante y estimulante recibir la provisión de Dios de esa manera.

Entonces, sin ninguna razón aparente, el dinero comenzó a fluir de diversas fuentes, incluso de gente que nunca antes había donado a nuestro ministerio. No les pedimos dinero para nada. Esta abundancia era un regalo de Dios y le estábamos agradecidos.

La mañana que debíamos recoger los pasajes para iniciar el viaje por Sudamérica, me senté tranquilamente después del desayuno para sumar lo que había en nuestras carteras, bolsillos y chequeras, plenamente confiada en que habría suficiente. Fruncí el ceño y volví a comprobarlo. Definitivamente nos faltaban doscientos dólares.

TAL VEZ WEDGE TENDRÍA QUE VIAJAR SOLO

Me volví hacia Wedge y le dije:

—Tal vez el Señor quiere que viajes solo, mi amor. Hay más que suficiente para un pasaje.

—No, cariño, no creo que sea eso lo que quiere el Señor —contestó Wedge—. Vamos a preguntarle de nuevo.

No teníamos tiempo que perder. El agente de viajes nos estaba esperando para pagarle los pasajes. Al siguiente día saldríamos para Sudamérica.

Cerramos la puerta del dormitorio y nos arrodillamos al lado de la cama. Seguimos los pasos habituales para escuchar la voz de Dios, Biblia en mano. En primer lugar atamos la voz de Satanás, a quien le encanta desanimar y desorientar. Después renunciamos a nuestras propias ideas, lógica y razonamiento humano. Luego dimos gracias a Dios por hablarnos y guiarnos claramente. Esperamos en silencio varios minutos, quizá diez o tal vez quince.

Luego Wedge me preguntó:

—¿Te ha mostrado el Señor alguna cosa, Shirley?

—Bueno, me vino a la mente Juan 20.

Empecé a leer en voz alta. Cuatro versículos cobraron vida y resaltaron ante mi vista. En el primero, las mujeres que marchaban hacia el sepulcro de Jesús tuvieron un problema: la gran piedra que lo sellaba. Se asemejaba a nuestra situación. Solo que la nuestra era una gran piedra llamada falta de dinero. Seguí leyendo. Ellas estaban preocupadas por su problema y cavilaban quién les removería la piedra. Pero cuando llegaron, no había piedra alguna. El Señor parecía querernos decir: «No hay piedra, Shirley; no hay ningún problema».

Continué leyendo en voz alta. El versículo cuatro aclaraba que las dos corrían *juntas*. Esto significaba mucho para mí, pues me preguntaba si Wedge debía «correr» solo este viaje. Casi siempre habíamos viajado juntos.

Después leí un versículo de ánimo: «Como me envió el Padre, así también yo *os* envío». Tomé aliento y continué leyendo.

El versículo 27 afirma: «No seas incrédulo, sino creyente». Mi fe creció en ese momento.

Wedge se puso de pie y dijo: «Vámonos. No cabe ninguna duda que el Señor desea que vengas conmigo. Vamos a comprar los pasajes».

¡Muy bien!

Cuando salimos del dormitorio una señorita nos esperaba en la sala muy sonriente. «He estado esperándoles», aclaró. «Aquí tengo algo para ayudarles a cubrir su viaje».

Nos entregó exactamente doscientos dólares. Más tarde, al salir de Puebla, varias personas nos dieron ofrendas de despedida para cubrir algunos gastos que no habíamos previsto.

¿Quién dice que la vida misionera es aburrida, rutinaria, insulsa? Imposible. Nosotros vivíamos días intensos y emocionantes. Me animaba tanto que, a veces, apenas dormía, pensando en lo que el Señor haría después.

En Sudamérica

Llegamos a Bogotá llenos de preguntas. ¿Usaban los misioneros en Sudamérica cascos para la selva? ¿Llevaban machetes? ¿Responderían los nacionales al desafío de convertirse ellos mismos en misioneros?

Pudimos comprobar en seguida que la gente vestía como nosotros. También nos saludaban cálida y amistosamente, e incluso nos abrazaban y besaban al estilo típico latino. Sus hogares en la gran ciudad eran similares a los nuestros en los Estados Unidos, y las calles estaban pavimentadas, tenían aceras y alcantarillas.

Explicamos nuestro objetivo como misioneros y predicamos en sus iglesias. Los jóvenes respondieron al reto con entusiasmo. Querían ser misioneros. Esperábamos regresar a Colombia al año siguiente con un grupo para empezar a enseñar y a movilizar.

Hicimos una breve parada en Ecuador; después, aterrizamos en Perú con solo quince dólares en el bolsillo. Pero la casa misionera de huéspedes nos costó exactamente quince dólares. Afortunadamente la taza aeroportuaria fue suplida por una ofrenda inesperada. Tocamos fondo.

Sin dinero en Bolivia

Así pues, llegamos a La Paz sin dinero. Un día el misionero anfitrión nos llevó a la ciudad. Como es usual que alguien se quedara a vigilar el auto, me quedé en el interior mientras el misionero y Wedge entraban en la oficina de correos. Mencioné casualmente al Señor que me apetecía mucho una barrita de chocolate.

El misionero regresó diciendo: «Shirley, le he traído algo». Me dio una barrita del mejor chocolate que se vende en Bolivia. Era delicioso. *¡Qué Dios tan bueno tengo!,* pensé. Me relamí y chupé los dedos. «¡Y qué chocolate tan fabuloso me ha provisto!»

El domingo por la mañana, después de la predicación de Wedge, los misioneros nos invitaron a almorzar en un restaurante, indicando que cada uno pagaría lo suyo. Declinamos la invitación y nos quedamos en la iglesia para orar. Estando arrodillados ante el altar, bajó el pastor nacional, que vivía encima de la iglesia. Se sorprendió al vernos todavía allí y nos invitó a almorzar con su familia. Nos alegramos mucho de no haber tenido dinero para ir al restaurante porque nos habríamos perdido conocer mejor a este matrimonio, que llegaron a ser amigos muy queridos.

Una cadena montañosa

Cuando se acercaba el día de partir de Bolivia, apartamos un día para ayunar y orar por cuatro problemas gigantescos que surgieron delante de nosotros como cuatro montañas. Nos inspiramos en lo que afirma Mateo 21:21: «Sino que podrán decirle a este monte: "¡Quítate de ahí y tírate al mar!", y así se hará». Nos arrodillamos al lado de la cama. Wedge agarró una hoja de papel y dibujó en él cuatro montañas. En cada una de ellas identificó un problema que teníamos que enfrentar:

Chile: El presidente Salvador Allende, dictador comunista, fue derrocado por un golpe militar y el país había cerrado sus fronteras a todos los *vuelos* procedentes del exterior. Teníamos previsto llegar al día siguiente.

A nuestro hijo Brent, ya adolescente, no le estaba yendo bien en México. Los amigos con quienes vivía nos escribieron pidiendo que volviéramos pronto a recogerlo.

Argentina: Debido a las noticias recientes que recibimos acerca de la condición de las iglesias, no estábamos seguros de poder llevar a cabo nuestro objetivo en el país.

Economía: Debíamos abandonar Bolivia para viajar a Chile y necesitábamos dinero para pagar la tasa de salida del país y tomar un taxi hasta el aeropuerto.

También, debido a que para entrar en Chile había que cambiar diez dólares por persona por cada día de estancia en el país, nosotros precisábamos sesenta dólares a nuestra llegada al aeropuerto de Santiago para poder permanecer allí tres días.

Nos sentíamos solos, desadaptados, desanimados e incluso temerosos. ¿Qué debíamos hacer? Cada montaña de por sí parecía insuperable.

Con una fe desnuda, Wedge se dirigió a cada monte por su nombre, ordenando que fuera arrojado al mar y, ejerciendo su autoridad, los tachó con una X.

MONTES HUNDIDOS

Aquella noche Wedge tenía que predicar en la misma iglesia cuyo pastor nos invitó a comer. Para sorpresa nuestra, la iglesia recogió una ofrenda para nosotros, suficiente para pagar los impuestos del aeropuerto y el diezmo, con lo que nos quedaban once dólares. Un buen comienzo para resolver nuestro problema económico. Además, alguien se ofreció a llevarnos al aeropuerto. Afortunadamente no tuvimos que pagar el taxi.

En cuanto a lo que ocurriría en Argentina, o cómo le iría a Brent en Puebla, confiamos estos problemas al Señor, creyendo que también estaban sumergidos en el mar. Más tarde nos enteramos de que el problema de Brent se resolvió y que todo en Argentina estaba dispuesto para nuestra llegada!

¿Y QUÉ ACERCA DE CHILE?

El problema de la llegada a Chile y los sesenta dólares para cambiar eran otra historia. De todos modos nos dispusimos a preparar nuestro equipaje.

El *mismo día* en que estaba programado nuestro vuelo se abrió el aeropuerto de Santiago. Volamos en el primer vuelo de la línea Braniff.

Ya en el aeropuerto de Santiago, ante una ventanilla, un funcionario nos preguntó cuántos días íbamos a permanecer en el país. «Tres», respondimos. Él nos entregó una nota de sesenta dólares para cambiarlos en moneda nacional.

Anteriormente, en una situación similar, dimos con una estrategia: «Wedge negociaría con las autoridades mientras yo, en una esquina, alabaría a Dios por anticipado por su intervención milagrosa. Así que…

Me aparté a un rincón. Oré: «Gracias, Señor, por hacer lo necesario para solucionar este problema». Porque yo conocía a un médico que fue encarcelado por no disponer de los diez dólares diarios para cambiar, y la única alternativa que nos quedaba era ser deportados».

El hombre detrás de la ventanilla no se inmutó.

—Sesenta dólares —confirmó.

—Solo tengo once, señor.

—¿Solamente once dólares?

Le parecía increíble. ¡Un norteamericano con solo once dólares!

—Sí, señor. Pero mire… tengo algo de dinero de otros países —dijo Wedge, tratando de impresionarlo barajando dinero de México, Colombia, Ecuador, Perú y Bolivia. Aunque tenía muchos billetes, todos juntos no sumaban más que una miseria.

El funcionario casi gritó:

—¡No, no! ¡Eso no es nada!... dólares, señor... dólares!!

—Nos hospedaremos con unos amigos, no en un hotel, por eso no necesitaremos dinero —repuso Wedge. Después de consultarlo con otros, decidió que podríamos entrar en el país si el pastor iba al banco y firmaba algunos papeles.

Salí de allí regocijándome y entramos en Chile con once dólares. Dios había vuelto a echar la montaña de los recursos económicos al mar.

Dentro del aeropuerto vimos soldados con ametralladoras, listos para entrar en acción. Al salir del aeropuerto, vimos tanques y artillería pesada por todas partes. A lo largo de las calles había soldados armados protegidos con sacos de arena. Las fuerzas aéreas del general Pinochet acababan de bombardear el palacio presidencial, y Salvador Allende, el dictador depuesto, había sido asesinado.

Momento oportuno, enemigo airado

No obstante, el clima que se respiraba en Chile era propicio para JuCUM, como en todos los demás países que visitamos. Los pastores y misioneros con quienes hablamos no habían considerado preparar a los jóvenes nacionales como misioneros, solo como pastores o maestros. Por aquella época el modelo de misionero era una persona blanca, norteamericana o europea, con casco y jeep. Pero el mensaje les llegó: Ustedes han recibido el Evangelio y deben llevarlo a otros. *Ustedes son misioneros.*

Los pastores, misioneros y jóvenes acudieron a esta «llamada de trompeta» de buena gana, invitándonos a volver con equipos para evangelizar.

El enemigo hizo lo que pudo para intimidarnos. Yo me caí por las escaleras con una bandeja de té, saliendo lanzados platos y tazas por el aire. No me rompí ningún hueso, pero me levanté con hematomas y dolores. Un terremoto sacudió la ciudad. La presencia militar y el toque de queda nos impedían ministrar por las noches. El taxi en que viajábamos recibió un golpe en el costado a gran velocidad resultando Wedge con las costillas fracturadas. Satanás no quería que los jóvenes cristianos se levantaran de sus bancos de iglesia y se movilizaran para las misiones. Sabía que aquellos jóvenes representaban una seria amenaza para su reino de maldad, probablemente mucho mejor que nosotros.

Llegada a Argentina

Cuando llegamos a Argentina solo nos quedaba un dólar con veinticinco centavos y nadie se presentó a recibirnos en el aeropuerto. Pero intentamos animarnos recordando la provisión de Dios en el pasado.

Me senté en un banco rodeada de equipaje mientras Wedge cambiaba el dólar y cuarto por monedas para el teléfono. Marcó el número del misionero con quien nos debíamos hospedar. El teléfono se tragó la primera moneda, luego la segunda, después la tercera.

Wedge divisó a un hombre que vestía traje negro y corbata, con una cruz de oro en la solapa. Al menos habíamos hallado a un cristiano, tal vez incluso al que estábamos buscando. Wedge se aproximó al hombre y le preguntó su nombre.

«¡Cómo se atreve a preguntarme mi nombre!», replicó ásperamente. Se alejó deprisa, ofendido. Nos preguntamos por qué llevaba la cruz.

Nuestro ánimo andaba por los suelos. Estábamos cansados y sin un peso. El teléfono se había engullido todo, salvo la última moneda que nos quedaba. Nadie fue a recogernos y un hombre nos había gruñido. Wedge se sentó en el banco, a mi lado, y reposó la cabeza sobre sus manos. «Vamos a orar», masculló. Después, se arrastró de nuevo hacia el teléfono. Sentimos que no éramos espirituales. Probablemente habríamos desistido, pero no sabíamos cómo hacerlo.

Esta vez la moneda sobrevivió al apetito insaciable del teléfono y una voz amable respondió. Después de explicar quiénes éramos y dónde estábamos, la voz continuó: «Les estamos esperando. Llamen un taxi y vengan a casa».

«Sí, claro. El taxi costaba veinticinco dólares».

Wedge colgó el teléfono más deprimido que nunca. El dólar con veinticinco se había consumido. Lo único que nos quedaba era un cheque de veinticinco dólares que el padre de Wedge nos envió a Chile, a pesar de advertirle que no nos mandara correo mientras estábamos de viaje. Pero, ¿quién iba a cambiar un cheque en divisa extranjera en el aeropuerto?

Encontramos un taxi y Wedge explicó nuestra situación al taxista. Este lo consultó con sus supervisores. Normalmente exigían el pago previo del viaje antes de salir del aeropuerto. Para sorpresa nuestra, permitieron que el taxi saliera sin pagar el viaje por anticipado.

El misionero se alegró de vernos, pero se sorprendió de que no tuviéramos dinero. Nos cambió el cheque y pagamos al taxista.

¿POR QUÉ PASAMOS POR ESTAS EXPERIENCIAS?

Parecía que vivíamos al borde del desastre. Una vez, cuando me estaba quejando de esto, me di cuenta de que sin necesidades que Dios pudiera satisfacer, ¿cómo íbamos a decir a otros que él podía suplir las *suyas*? ¿Cómo íbamos a decirles a los jóvenes hispanoamericanos que ellos podrían ser misioneros sin dinero si *nosotros* no lo hubiéramos sido antes?

Si pensábamos movilizar a cientos, a miles de hispanos, ellos también tendrían que saber a ciencia cierta que Dios realmente supliría sus necesidades. Los chicos no quieren teorías acerca de cómo *puede* suplir Dios. Quieren ver de forma palpable que él *sí suple y suplirá*. Por propia experiencia, podríamos decirles que él es ciertamente un Dios en quien podían confiar si daban un paso de fe.

LA GENEROSA ARGENTINA

A pesar de la difícil experiencia a nuestra llegada, Argentina era generosa. Los creyentes del país nos recibieron con los brazos abiertos y nos bendijeron con expresiones concretas de amor. Cualquier escrúpulo respecto a Argentina se disipó rápidamente.

Su forma de hacer las cosas era distinta a la nuestra. Por ejemplo, en Rosario, Wedge predicó una noche de nueve a once de la noche. Cuando terminó, el pastor anfitrión le dijo:

—Ha sido muy hermoso. ¿Puede predicar otra vez?

—Por supuesto. ¿Cuándo?

—Ahora mismo —dijo el pastor.

Parpadeamos, pero hablaba en serio. De modo que comenzamos otro servicio, seguido de un espacio de preguntas y de fraternidad. Como a las dos de la madrugada, soñaba con irme a la cama. Imagínense mi sorpresa cuando llegamos a casa de nuestro anfitrión y nos mandaron pasar al comedor para una cena de cinco platos.

Al llegar al postre me excusé y me retiré a la cama. Nunca me adapté a la costumbre argentina de cenar después de los cultos, aunque la noche esté muy avanzada.

A la mañana siguiente, temprano, varios jóvenes de la iglesia nos esperaban a la puerta, bocadillos en mano, deseosos de pasar más tiempo con nosotros. Nos bombardearon con preguntas acerca de la Gran Comisión y el vivir por fe, tratando de asimilar conceptos muy nuevos para ellos. Se entusiasmaban con lo que les decíamos y tomaban notas con gran avidez.

Por aquel tiempo, escribí en mi diario un pasaje que decía así: «Nunca han estado los argentinos tan abiertos y maduros para recibir la Gran Comisión. La iglesia ha conocido muchos énfasis: alabanza, adoración, señorío, discipulado, sumisión absoluta a la autoridad, pero mucha gente resultó decepcionada. Todas estas corrientes fueron buenas en sí, pero la cuestión clave es: ¿para qué? Aquí es donde entra en juego la Gran Comisión. Cada énfasis es bueno y necesario, pero todos deben resultar en alcanzar el mundo para Cristo».

Recuerdo una vez en Chile que unos jóvenes cristianos maravillosos nos dijeron que nunca habían salido a testificar porque no habían sido salvos por bastante tiempo y aún estaban siendo discipulados.

—¿Cuánto tiempo hace que son cristianos? —les pregunté.

—Tres años.

—¿Tres años y nunca han compartido su fe? —no lo podía creer. Habrían sido magníficos testigos pero nunca se les había dado la oportunidad por temor a que se equivocaran. *¡Por favor...!*

Argentina era más generosa de lo que podíamos imaginar. Cuando salimos del país, teníamos más dinero de lo que cabría esperar. ¡Qué gran cambio comparado con anteriores experiencias!

FIN DEL VIAJE PILOTO

Continuamos nuestro viaje por Montevideo, Uruguay; Asunción, Paraguay; Sao Paulo y Río de Janeiro, Brasil; Paramaribo, Guayana Holandesa; Georgetown, Guayana Británica; Caracas, Venezuela, y, de nuevo, Puebla, México. Predicamos en iglesias, convenciones nacionales, retiros de jóvenes y nos relacionamos con docenas de misioneros. Nuestro viaje piloto tocó a su fin. Estábamos plenamente convencidos de que Dios usaría a los jóvenes hispanoamericanos.

A pesar de todos los desafíos económicos para viajar por Sudamérica, acabamos con más dinero que el que teníamos cuando partimos, tres meses antes.

Como él nos había provisto de manera tan asombrosa, sabíamos que también supliría a los jóvenes de los países en desarrollo. Sabíamos con toda seguridad que ellos podrían ser misioneros y que *¡Él también sería su Dios!*

EL PASO SIGUIENTE

El objetivo del viaje piloto fue conocer a pastores y misioneros para divulgar el concepto de los jóvenes hispanos como futuros misioneros. En todos los países hubo una gran acogida. Se nos invitó a volver con un equipo. Habíamos echado un vistazo al alma de estos preciosos jóvenes latinos y visto su fuego y su pasión para servir al Señor.

La fase uno, el viaje piloto, había concluido. El siguiente viaje sería la fase dos: el equipo ASA (Alrededor de Sudamérica), que retaría, formaría y movilizaría a estos jóvenes dinámicos.

CAPÍTULO 8

¿TENDRÍA ÉXITO ASA?

En diciembre de 1973, nos encontramos en Acapulco con cuatro chicas que formarían parte de ASA (Alrededor de Sudamérica). El énfasis de esta segunda fase sería preparar y movilizar a los jóvenes hispanoamericanos para la evangelización. Ya habíamos hecho planes para trabajar con las iglesias locales.

Nancy Neville, neocelandesa, se incorporó después de un año de formación en Suiza. Elvira Magliarelia, de Buenos Aires, Debbie Carpenter y Marcia Dyke, de California, iniciarían allí su instrucción. Después, viajarían con nosotros para hacer el segundo tour por Sudamérica, con el objetivo, esta vez, de instruir y movilizar a los jóvenes. ¿Tendríamos tanto éxito en este viaje como en el piloto?

FORMACIÓN EN ACAPULCO

Acapulco sería el punto de partida de este grupo. Llegaron unos cien jóvenes de los Estados Unidos para recibir instrucción y participar en la campaña de JuCUM. Llamamos a aquel tiempo de preparación mini Escuela de Evangelización (mini EDE).

Teníamos enseñanza por las mañanas y salíamos con los jóvenes a las calles para evangelizar, persona a persona, por las tardes. Por la noche celebrábamos cultos con las iglesias locales.

Como en la mayoría de los casos, esta fue una campaña intensa, con desfiles y pancartas y una reunión en el parque, todo previo permiso de las autoridades de la ciudad. Una vez más, hallamos que la gente tenía hambre del Evangelio. Respondieron con entusiasmo.

Siguiendo nuestra costumbre, guardábamos cuidadosamente todos los datos que recogíamos y los poníamos a disposición de las iglesias locales.

DE CAMINO A COLOMBIA

Después de la campaña de Acapulco, nuestro recién formado grupo ASA voló hacia Bogotá, primera escala del tour por Sudamérica.

Nos alojamos en el Instituto Bíblico Latinoamericano. Unos cuarenta jóvenes respondieron a esta mini EDE de dos semanas de instrucción y evangelización por las calles. Su entusiasmo era contagioso. Experimentaron cuán divertido puede ser servir a Dios.

Cuando el tiempo de permanencia en Colombia rayaba a su fin, recibimos una visita de Lindsey Christie, misionero neocelandés y editor de *El Desafío*, el único periódico cristiano en la parte norte del continente. Lindsey apostilló: «Wedge y Shirley, no se pueden marchar todavía de Colombia. Solo han trabajado con una denominación, aunque yo sé que la obra de JuCUM en Nueva Zelanda es interdenominacional. Toda Colombia necesita a Juventud Con Una Misión, no solo una denominación».

Le explicamos que no teníamos contactos con otras denominaciones. Además, debíamos estar en Ecuador por un par de semanas; después teníamos que continuar hacia Perú. Ya no nos podíamos quedar por más tiempo en Colombia.

«Si puede cambiar su agenda y quedarse aquí más tiempo, convocaré una reunión de pastores de varias denominaciones». Después nos entrevistó y nos hizo fotos. El artículo y las fotos llenaron casi una página de su periódico. Fue una excelente presentación de nuestro ministerio, no solo en Colombia, sino también en otros países del norte de Sudamérica.

Llamamos a los pastores de Ecuador y Perú. Para delicia nuestra, habían querido comunicarnos que *este no era el mejor momento para nuestra visita*. Ellos estaban contentos y nosotros más. Es más, nos sentíamos alborozados. Dios había actuado en ambos extremos de la situación. De manera que cancelamos el viaje previsto y prolongamos la estancia en Colombia.

Lindsey cumplió su palabra. Reunió a cuarenta pastores de varias denominaciones, nos presentó y les dijo que Wedge tenía un importante mensaje que darles y que quizá tendrían que sacrificar a sus mejores jóvenes. Wedge les explicó el concepto de JuCUM para la juventud hispanoamericana, como ganadores de almas y misioneros. Los pastores respondieron con un amén rotundo. Y nos ayudaron a emplear todos los medios posibles de comunicación para anunciar el comienzo de la siguiente sesión de instrucción.

Comenzamos, en Bogotá, la segunda mini EDE de dos semanas, en la Iglesia Presbiteriana Central, en el centro de la ciudad. Muchos alumnos de la primera escuela, que tuvo lugar en el Instituto Bíblico Latinoamericano, volvieron a las clases.

Una de las alumnas nuevas fue Ana Melo, de Bogotá, quien una noche que no podía dormir, escuchó un programa en la radio que hablaba de JuCUM. Ella fue una de los primeras personas que se inscribió. Nos acompañó por todo el país y sintió que Dios la había llamado a acompañarnos por todo el continente. Ya éramos ocho. Ana fue la primera misionera de JuCUM Latinoamérica que salió a muchos países sudamericanos. Dios la usó poderosamente en la evangelización y el discipulado.

Nuestras escuelas distribuían su tiempo por igual entre la enseñanza y el testimonio en las calles, dando a los alumnos la oportunidad de practicar lo que aprendían en clase. Trabajábamos con congregaciones locales, íbamos de iglesia en iglesia, e instruíamos a todas las edades para ganar almas y llevarlas con nosotros a las calles. El entusiasmo era grande. Después del esfuerzo realizado, los creyentes volvían a casa con rostros resplandecientes por el gozo de haber guiado almas al Señor. Algunos pastores nos confesaban, incluso, que muchos de los suyos nunca habían guiado a una persona a Cristo hasta entonces. Ciertamente, los latinoamericanos serían un ejército poderoso para la gloria de Dios.

Yarley Niño

Yarley Niño era una joven de diecisiete años, fervorosa, que llegaba puntualmente a las ocho de la mañana acompañada de su pastor. Se sentaban ambos en la primera fila y tomaban abundantes apuntes. Me impresionaba la actitud tan seria e intensa que mostraba.

Después me enteré de que cuando llegaba a casa, cada noche su padre reunía a los ocho miembros de la familia alrededor de la mesa para que Yarley les enseñara la lección matutina. Su padre tomaba cuidadosamente apuntes, luego los mecanografiaba y los usaba como lección en la Escuela Dominical.

Ella enseñó a los miembros de su familia a pasar tiempos a solas con Dios y se aseguraba de que lo pusieran en práctica, desde su padre hasta su hermano pequeño. Les enseñó la oración intercesora y les guió a practicarla. Les enseñó a testificar puerta a puerta y luego los envió en parejas para hablar a la gente del Señor. Su hermanito de cinco años le dijo una vez: «Yarley, nosotros somos jucumeros, ¿verdad?»

A medida que la gente se convertía en sus hogares, a través de esta familia, Yarley empezó reuniones de discipulado en varias casas. Cuando el sacerdote católico local se enteró, solicitó asistir a una de sus clases. El día que asistió, Yarley le dio la bienvenida y le dijo que sintiera plena libertad de hablar.

Él rehusó diciendo: «No Yarley, he oído comentarios sobre lo que está haciendo y he venido solo para escucharla. Por favor, continúe».

Cuando nuestro grupo ASA partió para Bolivia, Yarley fue una de los treinta que siguieron viajando de ciudad en ciudad por toda Colombia, durante todo el año, enseñando y dirigiendo a otros a hacer evangelización personal.

Los pastores quedaban impresionados por la eficacia de los jóvenes e invitaban a nuestros grupos a enseñar en sus congregaciones.

Muchos de los jóvenes sentían tanto entusiasmo acerca de su revolución espiritual que nos pidieron permiso para acompañarnos a otras ciudades a fin de volver a recibir la misma enseñanza. Y nos siguieron de una escuela a otra, como si todo ello no fuera suficiente. Después de tres meses de instrucción continua, intensiva, a corto plazo, de evangelización y discipulado, por las ciudades colombianas, proseguimos en Bolivia impartiendo nuevas mini EDES.

¿SIN ALOJAMIENTO? NO

Nuestra estancia en Bolivia comenzó con un error gracioso. En un anuncio previo se había presentado a Wedge como un astronauta americano, al parecer, porque un recorte de prensa mencionaba que él había trabajado en el programa espacial de White Sands Proving Grounds. La iglesia estaba repleta de gente deseosa de escuchar al astronauta. Wedge explicó el error y todos se rieron de buena gana.

Impartimos enseñanza diaria y evangelizamos hasta que nos pidieron oficialmente que abandonáramos la residencia de misioneros en que nos alojábamos por no ser miembros de su denominación. La fecha límite para salir de la residencia era un domingo de Resurrección, solo una semana después.

No lográbamos entender por qué teníamos que buscar otro alojamiento. Dios se estaba moviendo en el corazón de las personas y hubo una respuesta favorable al llamado de ganar la ciudad para él. No obstante, teníamos que interrumpir la labor y hallar otro sitio. Los miembros de la familia que nos recibió se mostraban preocupados e intentaron ayudarnos.

A pesar del dolor que sentimos, procuramos responder a esta experiencia de una forma correcta. Dimos gracias a Dios por la oportunidad de verle hacer algo nuevo por nosotros. Todos los días de la semana nuestro grupo presentó el asunto ante Dios. Exploramos toda posibilidad y sugerencia que nos ofrecieron. Pero llegó el domingo de Resurrección y todavía no teníamos dónde ir. Ese mismo día estaríamos en la calle.

Wedge predicó en el servicio matutino del domingo de Resurrección donde se reunían todas las iglesias de la ciudad. Al finalizar, la gente formó una línea para saludarnos y orar por nosotros. Observé a un hombre (era obvio que su aspecto no era boliviano) esperando pacientemente al final de la larga cola, con una gran sonrisa en el rostro. Debe de ser algún amigo cuyo contacto perdimos hace mucho —pensé yo—, e intenté recordar dónde le habríamos conocido.

Cuando le llegó su turno de saludar a Wedge, le oí preguntar: «¿Necesitan un lugar donde alojarse?» captó mi atención.

Por su acento pausado, imaginé que probablemente sería de Texas, y que si hubiera sabido que éramos ocho seguramente no habría hecho esa pregunta.

Wedge respondió:

—Realmente, nuestro grupo necesita un lugar para quedarse, pero estoy seguro de que somos demasiados. De todos modos, muchas gracias.

—Bueno... ¿Cuántos son?

—Ocho.

—Pues, hay bastante espacio para todos ustedes. Está a pocas cuadras de aquí. ¿Pueden venir a echar un vistazo?

Claro que podíamos. Caminamos con él tres manzanas hasta un hermoso edificio de apartamentos. Nos llevó hasta el Penthouse, en la planta diecisiete, y abrió la puerta de un lindo apartamento de cinco dormitorios y cuatro baños. Recuperamos el aliento. Mentalmente comencé a distribuir el grupo en las distintas habitaciones.

Nuestro nuevo amigo era un ingeniero de Texas enviado para supervisar la construcción de una autopista del aeropuerto a la ciudad de La Paz. Como su familia no había llegado todavía, podíamos hacer pleno uso de su apartamento por el resto de nuestra estancia, mientras que él se quedaría con unos amigos. Seguía sonriendo. Al llegar a este punto nosotros nos reíamos a carcajadas. Dios nos salió al paso de la forma más inesperada y lujosa, o sea... se le fue la mano. Nos apresuramos a salir de la residencia de misioneros y a trasladarnos al nuevo piso. ¡Qué Dios tan increíble! Me *encantaban* sus sorpresas.

DE CAMINO A CHILE

Un hito digno de resaltar fueron quinientos jóvenes chilenos que recibieron nuestra enseñanza durante dos semanas explosivas. Su entusiasmo no tenía límite. Se habían enamorado de Jesús. Los sábados, este grupo interdenominacional salía con pasión a las calles para compartir su fe. Se entregaron ciento por ciento al señorío de Cristo y a la evangelización de Chile. Pusieron su fe en acción: se congregaron para quemar libros de magia y discos de música impía.

Un día, después de enseñarles a interceder, se dividieron en grupos pequeños para orar. Cuando se volvieron a reunir para dar cuenta de los resultados, un joven dijo:

—No sé cómo decirlo pero, cuando oramos, uno de nuestro grupo fue impresionado con la palabra *guerra*. Después otro recibió la palabra *Chipre*. Ni siquiera sabemos lo que significa *Chipre* —se sintió desconcertado.

—Es una isla en el Mar Mediterráneo —le informé.

—Bueno —añadió—, hemos orado acerca de una guerra en Chipre.

Aquella misma tarde, aparecieron titulares en los periódicos que anunciaban *Guerra en Chipre*. El Espíritu Santo guió a un grupo en Chile a orar por una guerra antes que el público en general supiera qué estaba sucediendo. Los jóvenes se animaron muchísimo con motivo de esta experiencia milagrosa.

Yo observaba asombrada cómo los jóvenes seguían devorando la enseñanza. El ambiente era electrizante. Absorbían las enseñanzas como esponjas. Escuchaban en completo silencio, tomaban apuntes diligentemente. Si hubiera sonado una alarma de incendios, creo que no se habrían movido de sus asientos.

Su entusiasmo y su compromiso constituyeron una base firme sobre la cual edificar un sólido ministerio de JuCUM en el país.

RESPUESTA A UNA ORACIÓN

Wedge tenía que predicar un miércoles por la tarde en una iglesia, en Santiago. Al hacer un comentario introductorio, la gente que estaba alrededor de mí empezó a llorar. ¿Me había perdido algo? No podía imaginar por qué lloraban. Por fin, me incliné y toqué a una señora por la espalda.

—¿Por qué están todos llorando?

Se enjugó las lágrimas y me respondió:

—¿Ve a ese joven que acaba de entrar? Era uno de los guardaespaldas del presidente Allende. Figuraba entre los «desaparecidos» en manos de la policía secreta del gobierno militar, que sin juicio ejecutó a cientos de personas. Pensábamos que estaba muerto. Aceptó al Señor hace ocho meses y hemos estado orando para saber lo que le había sucedido.

Nadie supo explicar por qué no corrió la misma suerte que otros que pertenecieron al antiguo régimen. Al testificar este efecto milagroso de la oración, yo también sentí ganas de llorar.

Después del culto conocimos a Pablo y con el tiempo desarrollamos una amistad con él. Era un artista talentoso. Se inscribió en nuestra primera escuela de discipulado en Chile, unos años después. Llegó a ser uno de los líderes de JuCUM.

Deben quedarse más tiempo en Chile

Cuando nuestra estancia en Santiago tocaba a su fin, Alberto Motessi, director de Evangelismo a Fondo, que había colaborado con nosotros de manera entusiasta, nos invitó a su oficina.

«Deben quedarse más tiempo en Chile», declaró. «Su programa es lo que necesita la juventud chilena. ¿No podrían posponer sus próximos compromisos?»

Hizo un gesto hacia el teléfono de su despacho e insistió: «Usen mi teléfono para llamar a otros países».

Empujados por su estímulo, hicimos aquellas llamadas telefónicas, alargamos nuestro tiempo en Chile y experimentamos la bendición que procede de la obediencia. Dios se movió entre los jóvenes y muchos fueron llamados a prestar servicio a tiempo completo en tanto proseguíamos la instrucción de ciudad en ciudad.

Como ya dijimos en el capítulo anterior, Chile atravesaba un momento de inestabilidad política, aunque se hallara en medio de un despertar espiritual. Muchos de los jóvenes que habían dedicado sus vidas al derrocamiento del gobierno ahora se sometían al señorío de Jesucristo. Se unieron a su causa revolucionaria, basada en el amor y el servicio, no en el odio y las armas.

EL ASA TUVO ÉXITO

En septiembre de 1974, mientras el resto del grupo ASA continuó ministrando en Chile y Argentina, Crystal y Brent nos acompañaron a Hawai. Wedge y yo nos enrolamos en un curso de tres meses para líderes de JuCUM de todo el mundo. El curso se proponía conseguir uniformidad de contenidos en todas las escuelas, así como dar oportunidad al grupo internacional de líderes de conocerse unos a otros. A principios de 1975 regresaríamos a Bogotá para establecer allí un centro permanente.

Cuando el grupo terminó su misión, cientos de jóvenes hispanoamericanos eran testimonios vivos, capaces de alcanzar a su generación para Cristo. ¡ASA tuvo éxito! Dios estaba reclutando un ejército de misioneros hispanoamericanos. *Él también era su Dios.*

CAPÍTULO 9

UN CENTRO DE FORMACIÒN MISIONERA NACE EN COLOMBIA

Regresar a Colombia a primeros de febrero de 1975 fue como volver a casa. El grupo de treinta continuó su labor por propia iniciativa con el nombre de jucumeros. Había avanzado como un disciplinado regimiento de soldados a través del país, adiestrando a las iglesias para la evangelización. Cometieron errores, pero se entregaron de corazón a guiar personas a Cristo. Estaban deseosos de contarnos sus testimonios de triunfo y provisión. El Dios de Wedge y Shirley era también su Dios.

Estábamos listos para abrir un centro de instrucción permanente en Sudamérica. Era fantástico contar con Nancy y Elvira, que volaron desde Argentina, en donde estuvieron con el grupo ASA, para incorporarse a nuestro grupo. Nos llovieron invitaciones para enseñar en institutos bíblicos, iglesias, seminarios, convenciones nacionales, retiros de líderes, retiros para matrimonios, campamentos y encuentros juveniles. Viajábamos y enseñábamos. «Viajar y Enseñar» llegó a ser nuestra divisa. Durante dieciocho meses estuvimos orando por una base permanente en Colombia. En un centro así podríamos enseñar a los jóvenes colombianos a vivir en un ambiente altamente disciplinado por un tiempo de tres meses intensivos de aprendizaje en el aula y otros dos o tres de ministerio y viajes. Desde este hipotético centro se enviarían jóvenes a todas partes del mundo. También dedicaríamos tiempo a la formación de líderes, así como a la celebración de seminarios para pastores.

Habíamos utilizado instalaciones prestadas en varias ciudades, e impartido miniescuelas de evangelización en varios países. Durante 1974 y 1975, entrenamos y movilizamos a unos dos mil jóvenes. Wedge viajó a todas las ciudades principales de Colombia para hacer campañas y reclutar jóvenes para el servicio misionero. En solo un verano habló en los congresos nacionales de seis denominaciones. Mientras tanto, yo me quedé en Bogotá y mantuve el funcionamiento del fuerte.

Pronto, JuCUM Colombia comenzó a enviar grupos a tiempo completo por toda la nación y por Ecuador, Perú y Venezuela. Por dondequiera que iban, Dios proveía fielmente para toda necesidad, ya fuera pasta de dientes, medias, gastos de viaje, comida o alojamiento. Dormían en el suelo o en bancos de iglesia, y en una ocasión el pastor improvisó incluso una cama sobre la mesa de la Santa Cena.

Viviendas abarrotadas

En Bogotá, nuestra vivienda de tres habitaciones hacía las veces de centro de JuCUM. Cada vez más jóvenes acudían para recibir adiestramiento, con lo que el centro parecía ir menguando. El suelo se cubría de sacos de dormir de pared a pared, y este se agrietó en algunos trechos.

Se escuchaba ruido de ratones durante toda la noche. Hacían un sonido como si estuvieran jugando al pillapilla (tócame tú) bajo las hendiduras del suelo. No podíamos detenerlos porque eran demasiado pequeños como para atraparlos con una trampa normal. Les veíamos disfrutar sin ningún recato el queso e ir corriendo a su escondite. No tenían temor alguno, casi estaban domados. A veces parecía que nos saludaban al pasar. Wedge encontró una forma de cazar a las enrevesadas criaturitas conectando su casetera de tal forma que, cuando se asomaban, él presionaba el botón PLAY que disparaba el mecanismo que atrapaba a los traviesos picarones. ¡Bingo!

Cuando Wedge necesitaba un descanso, Brent lo reemplazaba. Era muy astuto. Cogió doce en una noche.

Yo sabía que había una razón por la que Wedge había estudiado ingeniería.

Los chicos desenrollaban sus colchones en el suelo, desde el salón hasta el comedor, incluso debajo de la mesa. Las chicas ocupaban otra habitación, también abarrotada.

Por fin ya no hubo más espacio para dormir. Me preguntaba si podríamos usar la pared. ¿Garfios? De ninguna forma.

Hacíamos fila para usar el baño. Los únicos que se podían duchar con agua caliente por la mañana eran aquellos que se levantaban a las cuatro de la madrugada. Debido a que Bogotá está por encima de los dos mil cuatrocientos metros de altitud, hace frío todo el año, de modo que la mayoría nos duchábamos con agua helada.

Nuestro dormitorio, que servía también de oficina, recepción, depósito de casetes y almacén en general, quedó reducido a un pasillo de una sola vía. Si me hallaba frente al espejo, peinándome, cuando Wedge cruzaba, tenía que retroceder para darle paso.

Se acercaba la fecha de vencimiento del contrato de alquiler de la casa y no teníamos donde refugiarnos. Orábamos intensamente.

Aun cuando la casa fuese adecuada, el dueño estaba disgustado por causa del número de personas que iban y venían.

Un día nos dijo que creyó haber alquilado la casa a una sola familia. Yo sonreí y le aseguré que era cierto, pero que había crecido. A él no le pareció gracioso.

La nación de Colombia se hallaba al borde de una explosión espiritual, gracias a pioneros fieles, como un misionero que por treinta años ayunó el desayuno para orar por el avivamiento de esta nación. Estábamos recogiendo el fruto de aquellas oraciones. Para creer que Dios multiplicaría el número de obreros, debíamos dar un paso de fe y conseguir un lugar más grande.

Nuestras oraciones se intensificaron a medida que el último mes del contrato se acercaba. Una noche Dios nos prometió que estaba «preparando un lugar para nosotros». Antes nos había comunicado que nos llevaría a un lugar más espacioso y nos sacaría de una casa atestada, eso suponíamos.

UN LUGAR ESPACIOSO

Un día Colin Crawford, un buen amigo escocés, que era pastor y misionero, nos dijo: «Conozco un lugar perfecto para ustedes». Nos llevó a una escuela vacía, con treinta y siete clases, justo lo que necesitábamos. Era el lugar ideal, un edificio elegante de ladrillo, de tres plantas, que podía fácilmente alojar entre sesenta y ochenta alumnos. Los dueños nos permitirían usar mesas y pizarras, así como cualquier mueble que no pudieran vender, incluida la biblioteca de la escuela. El edificio contaba con oficinas y un hermoso comedor con puertas francesas que daban a la sala.

Me atreví a susurrar: «¿Será para nosotros, Señor? Este es un sitio grande y hermoso».

Al volver a casa, me senté en torno a la mesa del comedor con ocho líderes de JuCUM para hablarles de la escuela. Wedge había salido a ministrar y yo quería que Dios me confirmara que este era el lugar que él tenía para nosotros. Morimos a nuestros deseos, silenciamos la voz del enemigo y escuchamos por fe la voz de Dios. Esperamos algunos minutos.

Luego cada uno de ellos empezó a compartir pasajes de la Escritura u otras confirmaciones que Dios puso en su corazón. La primera palabra fue en 2 Crónicas 7:12,15,16: «He escuchado tu oración, y he escogido este templo para que en él se me ofrezcan sacrificios. Mantendré abiertos mis ojos, y atentos mis oídos a las oraciones que se eleven en este lugar. Desde ahora y para siempre escojo y consagro este templo para habitar en él. Mis ojos y mi corazón siempre estarán allí».

Otra persona recibió 2 Reyes 4:43: «Dale de comer a la gente, pues así dice el SEÑOR: "Comerán y habrá de sobra"». Otro recibió Génesis 18:14: «¿Acaso hay algo imposible para el SEÑOR?» Otro, Hageo 2:8,9,19: «Mía es la plata, y mío es el oro —afirma el SEÑOR Todopoderoso—. El esplendor de esta segunda casa será mayor que el de la primera —dice el SEÑOR Todopoderoso—. Y en este lugar concederé la paz, afirma el SEÑOR Todopoderoso ... ¿Queda todavía alguna semilla en el granero? ¿Todavía no producen nada la vid ni la higuera, ni el granado ni el olivo? ¡Pues a partir de hoy yo los bendeciré!»

De modo que, armados con estas palabras del Señor, nuestra fe se afirmó; y cuando Wedge regresó y vio el edificio, confirmó nuestra decisión.

NEGOCIACIÓN SIN WEDGE

Wedge volvía a salir, esta vez hacia América del Norte, para ministrar por dos meses. La noche antes de partir, habló por teléfono con el dueño, que acababa de llegar de Texas. Tragué saliva cuando le escuché a Wedge decir: «Mi esposa se encargará de tratar todos los detalles con usted. Llámela mañana para concertar una cita». ¿Qué sabía yo de negocios? Absolutamente nada.

A la mañana siguiente, Wedge me tomó en sus brazos, pidió a Dios que su sabiduría y su dirección reposaran sobre mí, me garantizó sus oraciones, se despidió con un beso y subió a bordo del avión rumbo a Montreal, Canadá.

Antes de entrevistarme con el dueño, al día siguiente, me arrodillé al lado de la cama y pregunté al Señor: «¿Tienes una última palabra de ánimo, o hay algo que yo deba saber?»

Él me dijo: «Estoy preparado para sacar a esta gente…» (Josué 13:6, paráfrasis mía). A mí me sonó a ironía, pero la hora de Dios había llegado. Yo estaba tan segura de ello como si me hubiera hablado con voz audible, y me reí con él. Tenía plena seguridad de que este era el territorio que él nos había prometido y recordé que, en Números 32:12, Josué y Caleb animaron de todo corazón al pueblo a avanzar hacia la tierra prometida.

No teníamos dinero. ¿Cómo compraríamos, o incluso arrendaríamos, la propiedad? Una mañana hablé con los jucumeros colombianos acerca de *nuestra* responsabilidad económica. «Si hemos de esperar que Dios haga su parte, nosotros tendremos que hacer todo lo que podamos», les dije. «Nosotros, que somos los principales implicados en este proyecto, debemos *tomar la iniciativa* dando por fe». Yo sabía que ninguno tenía dinero, pero no vivíamos conforme a la condición de nuestras billeteras. Así pues, esperamos en el Señor y le preguntamos con qué cantidad debía cada uno comprometerse. Escribimos esas cantidades por fe, en pedazos de papel.

Cuatro días después nos volvimos a reunir, deseosos de conocer cómo Dios había suplido cada compromiso de fe. Entre los testimonios dados hubo uno que dijo lo siguiente: «Cuando escribí doscientos pesos en el papel, ni siquiera tenía suficiente dinero para cruzar la ciudad en autobús, pero aquí están mis doscientos pesos. Dios proveyó».

Otro testificó que había recibido un cheque inesperado del extranjero otro, de alguien a quien había testificado, aunque nunca antes recibiera dinero por este conducto. Una chica aportó cinco mil pesos (unos ciento cuarenta y cinco dólares de la época) que recibió de indemnización por despido en el trabajo. Nosotros habíamos hecho lo posible. Ahora podíamos creer que Dios haría lo imposible.

El dueño de la escuela solo pensaba quedarse en Bogotá por una semana, al fin de la cual yo debía firmar el contrato de arrendamiento, abonarle tres mil cuatrocientos dólares en concepto de señal y acuerdo de promesa de compra, así como pagarle en efectivo algunos muebles. Necesitaba unos seis mil dólares. Llamé a Wedge a Montreal, para recibir el estímulo que necesitaba. Él me prometió orar.

Un par de noches después sonó el teléfono. Era Wedge. Decía que había pasado la tarde orando con los líderes de JuCUM, reunidos en Canadá. Dios les había confirmado que este edificio sería el Centro de JuCUM en Bogotá. También recibieron una advertencia que darme: no debía dejarme presionar.

El dueño se quedó en Bogotá tres semanas en vez de una. Durante ese tiempo continué negociando con él mientras otros seguían orando por mí. Dios fue guiando paso a paso. No me sentí frustrada ni cansada. De hecho, en cada una de las reuniones que sostuve con el dueño —excepto dos días antes de la firma del contrato de arrendamiento y acuerdo de promesa de compra— noté una exuberancia inexplicable y un sentido de dirección divina.

Me sentí fatal aquellos dos días. El tiempo tocaba a su fin, y a pesar de la advertencia de no dejarme presionar, me desperté aquellas dos madrugadas con un sentimiento profundo de terror. La alabanza que normalmente brotaba de mis labios al despertarme fue desplazada por un sentimiento de ansiedad, y por mis pensamientos rondaban símbolos de dólares.

Pero la segunda noche pedí a Dios que me restaurara un espíritu de alabanza. Al despertarme a la mañana siguiente, la paz y el gozo habían vuelto. Me arrodillé al lado de la cama pidiendo dirección para ese día.

«Señor, hoy debo firmar los contratos y pagar los muebles, pero todavía necesito miles de dólares. ¿Qué debo hacer? ¿Tienes algún plan?»

La respuesta llegó a través de una nítida voz interior que me dijo: «No firmes el contrato».

«¿De veras?», respondí, «entonces, ¿qué quieres que haga? ¿Me puedes dar los detalles?» Lo hizo. Súbita y claramente supe lo que tenía que hacer.

Cuando me encontré con el dueño aquella tarde, le dije que sería Wedge, no yo, quien firmaría los papeles y que precisaría algún tiempo para analizarlos cuando llegara a Colombia. El dueño aceptó ambos puntos. Dios *sí* me había hablado aquella mañana.

Mientras que me preguntaba de dónde sacaría el dinero para pagar los muebles, el dueño aclaró: «En cuanto a los muebles, señora Alman…», mis antenas saltaron, «Hay algo que debo decirle. Hace cosa de un año…» Continuó diciendo que no podía venderme legalmente los muebles debido a que el gobierno se los había embargado. Hizo tres listas con los muebles que había en el edificio, identificando las piezas en cuestión, pero acabó diciendo que de todos modos podíamos usarlos.

Me quedé extasiada. Aquella tarde fui caminando a casa desde la parada del autobús. Mis pies apenas tocaban el suelo.

Pero surgió otro detalle: «Señor, necesitamos de inmediato cinco mil pesos para inscribir a JuCUM como organización oficial colombiana para poder llevar a efecto la compra de la propiedad».

Cuando llegué a casa, me esperaba un sobre con cinco mil pesos, ofrendados por Steve, un amigo de la embajada americana.

LA MUDANZA

En una de mis primeras visitas a la escuela, me enamoré de una oficina cuya puerta estaba marcada con el rótulo de *Director*. Me arrodillé en aquella oficina con Nancy Neville y oré: «Señor Jesús, te pido esta oficina para Wedge».

Pensé en las muchas veces que se sentaba ante su mesa, en nuestra casa, y encontraba sus papeles a un lado, o cubiertos, u ordenadamente apartados por Nancy, o por cualquier persona que la necesitara. ¡Cuántas veces Wedge se había lamentado: «¡Ojalá dispusiera de mi propia oficina donde las cosas se encontraran como yo las deje!» Todos deseábamos que la tuviera.

Ahora Wedge vería cumplido el deseo de su corazón, una oficina completa, con chimenea. Yo deseaba que llegara a casa y la disfrutara.

El 20 de agosto era el día de la mudanza. Todos los jucumeros que no estuvieran de viaje ministerial debían ayudar. Alguien aportó incluso el camión volteo de su papá. Éramos, a buen seguro, los únicos en el mundo que se habían mudado en un camión así. Al parecer, los vecinos de esa zona residencial de alto nivel también lo pensaban. Procuré ignorar sus miradas a hurtadillas a través de las cortinas, como si fuera algo normal y corriente.

Yo gemía en voz alta al ver todas nuestras posesiones terrenales cargadas en aquel vehículo. Contuve el aliento y me tapé los ojos cuando el piano y el refrigerador fueron deslizados a un costado del camión. Pero el movimiento se hizo suavemente y sin incidentes.

Después de un par de días de mucho trabajo, ya estábamos instalados. ¡Imagínate! Con treinta y siete habitaciones ya nos podíamos estirar. Lo que antes habíamos colocado en una sola habitación se repartía ahora en tres o cuatro salas espaciosas.

Crystal y Brent estaban muy contentos de que al fin dispusiéramos de nuestro propio espacio y viviéramos como una familia. Todos dimos gracias a Dios.

Desafíos y bendiciones

El primer lunes por la mañana me horroricé al ver la antigua pero fiel lavadora vomitar agua espumosa por todo el suelo. Gemí al ver las montañas de ropa sucia que habría que lavar a mano. Así que oré: «Señor, ¿has notado las rumas de cortinas, colchas, sábanas, y ropa que hay que lavar?»

Lo había notado. Aquella tarde Elvira y yo nos quedamos a trabajar intentando actualizar las tareas de la oficina. Hacia las diez de la noche sonó el teléfono. Una voz amiga dijo:

—Hola, Shirley, le acabamos de comprar una lavadora.

—No.

—Sí —era Kelley, otro amigo de la embajada americana que era una gran bendición. Él estaba tan emocionado como nosotros.

Lo pasé muy bien decorando la oficina de Wedge. Cuando terminé, todo tenía el aspecto deseado, excepto que faltaban cortinas en las ventanas. Casualmente se lo mencioné al Señor. Algunos días más tarde, una amiga estadounidense que había seguido al detalle nuestra búsqueda de alojamiento se dejó caer por la oficina con una amplia sonrisa. Me entregó un sobre con dinero que su marido le había dado para comprarse una falda

de gamuza. Nos explicó que el Señor no le permitía gastarse el
dinero en eso. Después de consultarlo con su marido, lo trajo,
especificando que era para las cortinas de la oficina de Wedge.
Ella estaba encantada de hacernos este regalo.

¡Qué bien lo pasé cosiéndolas! Eran elegantes. La oficina
de Wedge estaba lista para su regreso de Canadá.

Antes de salir hacia el aeropuerto a recogerlo, pedí a un
par de chicos que encendieran fuego en la chimenea para darle la bienvenida en un ambiente acogedor y elegante. Quería
que todo estuviera perfecto para su llegada. Wedge vería el
edificio por primera vez desde que nos mudamos y le impre-
sionaría su nueva oficina.

Así quedó, impresionado, aunque no tanto como lo imaginé. Llegamos del aeropuerto y entramos en una casa llena de
humo. ¿El culpable? La chimenea de la oficina de Wedge. No
funcionaba bien. Pero incluso aquella experiencia no pudo
apagar nuestro espíritu. Por fin, Wedge tenía su propia oficina, con escritorio y todas las cosas en su sitio. No recuerdo si
se atrevió a volver a encender el fuego en aquella chimenea.

Wedge tuvo que salir, una vez más, para liderar una mi-
niescuela de discipulado en la jungla amazónica. Esta nueva
escuela era más elemental y se convirtió en el curso de acceso a
JuCUM. Una tribu entera de indios amazónicos se convirtió
a Cristo y querían ser misioneros. Después de la instrucción,
Wedge los dividió en grupos y los envió al interior de la selva
para alcanzar a otras tribus con el Evangelio.

POCO A POCO

El flujo de provisión no se cortaba. Para el alquiler mensual y las facturas de electricidad, teléfono, gas, etc., el dinero
llegaba de fuentes inesperadas. Mi madre llamó desde Iowa
para notificarnos que JuCUM Canadá había enviado cinco

mil seiscientos dólares destinados a la obra. Dimos el diezmo de aquella ofrenda al barco hospital de JuCUM. El resto lo empleamos en pagar la cuota de la vivienda, instalación de duchas y otros gastos. Hubo también suficiente para comprar madera para las camas que nos proponíamos construir.

Después, una señora americana que había oído hablar a Wedge en un almuerzo de mujeres vino con su esposo para donar seis mil pesos, ¡la cantidad que faltaba para adquirir la madera! Otro amigo donó pintura para pintar los dormitorios de las chicas. Un cristiano fabricante de muebles se ofreció para abastecernos trozos de madera para nuestra vieja cocina. Otros amigos, algunos de ellos misioneros, nos regalaron dinero en efectivo, sin especificar para qué necesidad. Lo más sorprendente de todo fue que una anciana misionera viuda nos donó mil dólares para la compra de la propiedad.

Algo hermoso sucedió una vez, cuando uno de los alumnos necesitaba zapatos. Una amiga llevó un domingo a la iglesia un buen par de zapatos. El alumno se los probó y le quedaban perfectamente bien. Ella desconocía su necesidad, solo sabía que Dios le mandó a llevar los zapatos para un jucumero. Wedge se los lustró, como solía hacer cuando él mismo estrenaba zapatos nuevos.

Otra americana llevó unas cortinas que cosió para el dormitorio de las chicas. Su marido, que trabajaba en la embajada de Estados Unidos, nos regaló un duplicador de cintas para este ministerio. Era del modelo que queríamos. Gracias a tal duplicador, se distribuyeron miles de cintas de enseñanza por toda Hispanoamérica, e incluso más allá. Un día, mientras Wedge esperaba una cita en una de las oficinas del palacio presidencial, una secretaria le mostró una bolsa y observó: «Señor Alman, estas son sus cintas. En el palacio nos turnamos para escucharlas».

En septiembre de 1975, fueron instalados duchas, sanitarios y lavabos. El edificio estaba listo. Ochenta y cinco alumnos se inscribieron para la primera escuela de discipulado completa. Anhelábamos su llegada.

Un día antes de la inauguración de la escuela un joven me visitó en mi despacho. Miguel Quintana me explicó que sentía que Dios lo quería en la escuela, pero que varios de sus amigos habían intentado convencerlo de lo contrario.

—A ellos no les gusta JuCUM —añadió—. Una cosa más —siguió diciendo—, carezco de dinero para pagar la escuela, pero estoy convencido de que debo hacer este curso.

—Entonces, hablemos con el Señor, Miguel.

Yo había sido testigo de tantas provisiones divinas milagrosas que era fácil pedirle a Dios provisión para el curso de discipulado de Miguel, a fin de que pudiera inscribirse al día siguiente. Oramos, nos despedimos, y se marchó.

Al día siguiente hizo cola para inscribirse. Al verme se alegró mucho y me contó que Dios le había provisto la suma completa que necesitaba para pagar su escuela. No es extraño que un día llegara a ser director nacional en otro país.

CAPÍTULO 10

ESTUDIANTES MISIONEROS COLOMBIANOS

El nuevo centro de JuCUM en la capital era un lugar neutro de reunión. Un club de mujeres cristianas se congregaba una vez al mes y una iglesia interdenominacional usaba nuestro auditorio los domingos por la mañana. Sentíamos que pisábamos suelo santo. Esta bonita escuela, que una vez se dedicó a educar jóvenes colombianos, continuaría haciéndolo, pero ahora como centro de adiestramiento intensivo y plataforma de lanzamiento de misioneros al campo de recolección.

Recibimos a los alumnos de nuestra primera escuela de discipulado, curso intensivo que, como las Escuelas de Evangelización, abarcaba tres meses de enseñanza en el aula y otros dos o tres de ministerio efectivo en algún lugar del mundo.

Todas nuestras clases eran en español. Wedge y yo impartíamos casi toda la enseñanza. Wedge enseñaba acerca de: La naturaleza y el carácter de Dios, Cómo él gobierna el universo, Cómo conseguir una conciencia limpia, Motivos del corazón, Evangelización personal, Apologética, Zorras pequeñas que echan a perder la viña, Cómo ser un verdadero soldado de Cristo, Cómo ser libre de las fuerzas demoníacas, Fe y recursos económicos, Renunciar a los derechos y otros temas.

Mis enseñanzas incluían: Cómo conocer a Dios, Tiempo a solas con él, Intercesión, Guerra espiritual, Sanidad interior,

Temor del Señor, Obediencia, Orgullo y humildad, Etiqueta y otros temas relacionados con el desarrollo del carácter.

La mayor parte eran enseñanzas básicas ofrecidas por las Escuelas de Discipulado de JuCUM. El horario era intensivo, las clases se impartían por la mañana y por la tarde. Cuando contábamos con un maestro visitante que no hablaba español, uno de nosotros le traducía.

El curso incluía intercesión diaria, grupos pequeños cada dos días y ministerio personal por la tarde. Los alumnos también tenían que trabajar dos horas por la tarde, realizando tareas en las instalaciones.

Wedge y yo nos reuníamos con los líderes de grupos pequeños una vez por semana para adiestrarlos, y muchos fines de semana ministrábamos con los alumnos en la ciudad.

Abrimos las sesiones vespertinas a estudiantes universitarios, profesionales y empresarios que no podían asistir durante el día. Al terminar los tres meses de clases ellos podían ir de campaña con los alumnos de tiempo completo.

SAQUEN ESOS CINCO REYES

Un día nos sorprendió una llamada telefónica de Jim Stier. Más aun, cuando supimos que él y su esposa Pam estaban en el aeropuerto de Bogotá.

Tuvimos un hermoso encuentro. No les habíamos visto desde que coincidimos en un curso, en Hilo, Hawai. Allí compartimos muchas horas y nos hicimos buenos amigos. Crystal y Pam también habían pasado mucho tiempo juntas. Nos informaron que se dirigían a Brasil para fundar allí una base de JuCUM.

Habían comprado un pasaje hasta donde les alcanzara el dinero y llegaron a Bogotá. Jim enseñó en nuestra escuela. Era bueno contar con nuevos maestros. Wedge y yo nos turnábamos para traducirle.

Pero sus corazones estaban en Brasil. Después de algunas semanas, comprendimos que Dios quería que hiciésemos algo para que prosiguiesen su camino. Enviamos a los alumnos y al personal a sus habitaciones a orar y preguntar al Señor si debían contribuir y cuánto debían ofrendar. En nuestra ofrenda aparecieron cosas muy interesantes: pesos, dólares, moneda de otros países, pasajes de avión, ropa, relojes y joyas. Pero todavía nos faltaban quinientos dólares para comprar los pasajes.

Wedge y yo nos encerramos en nuestra habitación. El Señor le habló a Wedge a través de Josué 10:22: «Saquen a esos cinco reyes» (paráfrasis mía). En ese momento supo lo que Dios quería decirle. En un cajoncito del armario guardábamos bien escondidos cinco billetes de cien dólares que alguien nos había dado. Ellos eran los cinco reyes. No nos cupo ninguna duda.

Compartimos este versículo con Jim y Pam y todos nos reímos de buena gana. Wedge fue a la cueva y sacó los cinco reyes. Junto a lo que los otros jucumeros dieron, juntamos suficiente dinero para comprar dos boletos de avión hasta Belo Horizonte.

La obra que ellos comenzaron, sin poseer absolutamente nada, y sin conocer la lengua del país, creció hasta alcanzar proporciones gigantescas. Hay misioneros brasileños que ellos capacitaron y sirven actualmente en los cinco continentes.

CONOCIMOS A LOS ALUMNOS

Uno de nuestros alumnos era Ricardo Ignacio Rodríguez, de diecisiete años, a quien Yarley había ganado para el Señor el año anterior, cuando ella fue con su familia puerta por puerta compartiendo su fe.

Ricardo mostró un gran interés en las clases y poco a poco se le fue dando mayor responsabilidad.

La capacitación de aquellos primeros alumnos colombianos fue emocionante. En las enseñanzas de clase y en los tiempos de ministerio personal, Dios les sanó de heridas muy profundas y les libró de inseguridades, opresiones y ataduras del enemigo. Era necesario dedicar tiempo a la oración y la liberación, porque algunas heridas eran tan grandes que los alumnos no podían concentrarse en clase. De hecho, varios solicitaron repetir la escuela porque no se pudieron beneficiar de la enseñanza hasta que sus heridas internas fueron sanadas.

Sus vidas cobraron nuevo sentido, maduraron, a medida que se alimentaban de la Palabra de Dios. Algunos llegaron a ser evangelistas y predicadores fogosos otros descubrieron que estaban dotados para la evangelización personal.

El aprendizaje en la clase adquirió una nueva dimensión al salir a las calles de varias ciudades para celebrar reuniones, llamar a puertas y predicar en la radio y escuelas públicas.

Su ministerio en los autobuses urbanos fue una innovación. Una pareja subía al autobús y pedía permiso al conductor para predicar por unos minutos. Mientras uno predicaba, otro distribuía folletos. Si alguien deseaba hablar acerca del Señor, aprovechaban la oportunidad. Si no, se bajaban del autobús, tomaban el siguiente y repetían el proceso.

En cualquier lugar que eran recibidos, los jucumeros compartían el Evangelio. Contemplamos cómo la agresividad natural de los jóvenes fue transformada por el poder de Dios en audacia con signo positivo.

Un alumno de la escuela de discipulado fue antes comandante de un ejército guerrillero durante diez años, entregado al derrocamiento del gobierno colombiano. Después de su conversión en la cárcel, un amigo misionero le presentó a JuCUM. Dios transformó su vida, y pasó a ser un guerrillero de Dios, para conducir a otros al Señor.

Otro alumno llegó a JuCUM después de haber sido jugador profesional de fútbol de Los Millonarios, un equipo de Bogotá.

Nubia, otra alumna, dirigió un equipo encargado de enseñar religión en las escuelas públicas. Los maestros que tenían poco que ofrecer en esta materia daban de buena gana la bienvenida a nuestro grupo. Un día, un maestro advirtió: «Esta mañana Nubia les va a explicar cómo tener una conciencia limpia. Por favor, escúchenla porque yo eso no se los puedo enseñar».

A medida que avanzaba la enseñanza, muchos alumnos y maestros empezaron a llorar. A la primera hora de la tarde el grupo estuvo a disposición de los que quisiesen aceptar a Jesús o recibir consejo, tanto alumnos como maestros.

ANTONIO

Aunque hubo muchos alumnos notables en nuestras escuelas, recuerdo de una manera especial el caso de Antonio. Este muchacho nervioso, alto y bien proporcionado, había vivido toda su vida en una aldea remota, con escasos contactos fuera de su familia e iglesia. Su educación fue tan limitada como su vida personal. Cuando llamó a mi puerta, estaba muy serio. Me habló rápidamente como si la faltara oxígeno.

«Yo hice una mini EDE (Escuela de Discipulado y Evangelismo) en Medellín y he venido porque quiero ser misionero», dijo. «Eso es lo que Dios me ha llamado a ser». Recuerdo haber pensado que a mí no me pareció que tuviera muchas trazas de misionero.

Pero Dios tenía mucho que enseñarme. Aparte de un cursillo de dos semanas que hizo en Medellín, y otro de un mes en Bogotá, completó uno de discipulado de cinco meses. Tenía carga por los que no conocían a Jesús y compartía su fe adondequiera que iba. Con el paso de los años, maduró en la fe y se convirtió en un poderoso hombre de Dios.

Empezamos a confiarle oportunidades para dirigir y por fin aprendió a reír y a bromear. Pasó a ser uno de mis mejores amigos. Una tarde, caminando juntos por la calle en dirección al centro, pasamos frente a una pizzería. Ambos inhalamos profundamente el delicioso olor y yo le pregunté:

—Antonio, ¿tienes algo de dinero?

—No.

—Yo tampoco —los dos nos echamos a reír. Estábamos seguros en el Señor. Si él hubiera tenido dinero, habría comprado pizza para los dos si lo hubiera tenido yo, habría hecho lo mismo. No me cabe duda. No nos sentimos mal en absoluto porque sabíamos que la paga de Dios no siempre llega los viernes. El que tuviéramos, o no, dinero en aquella ocasión realmente no importaba. Teníamos riquezas que el dinero no podía comprar.

En una ocasión, Antonio dirigió un grupo para evangelizar en el sur de Colombia por varias semanas. El último lugar en que iban a ministrar sería una aldea en las alturas de una montaña. Durante el camino, contuvieron la respiración cuando el autobús ascendía por perfiladas pendientes, zigzagueando a lo largo de curvas peligrosas y carreteras polvorientas en las que solo había espacio para un automóvil.

Por uno de los costados se veían montañas que parecían no tener cimas, y por el otro…, bueno, apenas se atrevían a mirar cuán cerca rodaba el autobús del borde de precipicios que daban a valles sin fondo. Durante varias horas el autobús maniobró trazando curvas y más curvas, cuesta arriba, con terraplenes de cientos de metros de desnivel y sin quitamiedos.

Algunos de los pasajeros se aferraban frenéticamente a sus rosarios, mientras otros hacían la señal de la cruz. Un sacerdote se cambiaba al asiento interior en las curvas, creyendo sentirse más seguro. Todos clamaban a Dios a su manera. El grupo sentía pánico solo de pensar en el viaje de regreso.

Horas después de llegar a su destino, se enteraron de que una avalancha había arrasado por completo aquella carretera traicionera y no sería transitable en menos de tres semanas.

La única alternativa que quedaba era volar, pero eso costaba más dinero del que tenían. Sin embargo, Antonio reservó boletos, seguro de que Dios proveería de algún modo.

Aunque el grupo no podía contactarse con nosotros, una misionera residente en el sur, que había oído hablar de la avalancha y del ministerio del grupo, nos llamó para tranquilizarnos. «El equipo estará de vuelta mucho más tarde de lo previsto», dijo ella.

En la fecha señalada los otros grupos que habían estado ministrando por toda Colombia volvieron a Bogotá para presentar informes y recibir nuevas asignaciones. Con asombro, vimos aparecer a Antonio y los suyos. Los pasajes de avión sobresaliendo de sus bolsillos era un indicio que explicaba el que llegaran frescos y despiertos. Otros grupos que habían estado ministrando mucho más cerca de Bogotá regresaban cansados y polvorientos tras viajar varios días por carretera. Antonio explicó que su grupo pudo volar hasta Bogotá porque un anciano caminó muchos kilómetros a través de las montañas para llevarles una ofrenda que bastó para pagar todos sus boletos.

Antonio continuó dirigiendo grupos no solo por Colombia sino también internacionalmente. Dirigió un equipo de seis miembros por América Central para participar en una campaña de Biblias para México, que proporcionaría una Biblia a cada hogar del país. Pero los funcionarios del gobierno no hicieron honor a sus pasaportes colombianos y los metieron a todos en la cárcel. Por si eso fuera poco, les dieron de comer alimentos muy picantes, y sus estómagos colombianos, poco acostumbrados, se rebelaron.

No obstante, aprovecharon bien las circunstancias y empezaron a hablar de Jesús con los presos. Muchos entregaron sus vidas al Señor, y, por diez días, los jucumeros los discipularon, enseñándoles a pasar tiempos quietos diarios con el Señor, a interceder en oración y a desarrollar hábitos propios de una vida cristiana victoriosa.

Cuando por fin fueron liberados, tanto ellos como los otros compañeros de cárcel se compungieron al tener que separarse. Pero, por esas fechas, otro grupo colombiano de JuCUM atravesó la misma frontera, sufrió el mismo destino, en la misma prisión y en las mismas celdas, y continuó discipulando a los mismos presos.

Antonio pasó a ser líder del centro de JuCUM en Bogotá. Más tarde se graduaría en el seminario y pastorearía una iglesia.

Por aquel tiempo, Ricardo Ignacio fue el más indicado para asumir el liderazgo. Se casó con Marilú Ayala, una mujer piadosa y excelente jucumera. Hacían una pareja poderosa. Bajo su dirección se produjo una proliferación de ministerios, como quince escuelas anuales en las principales ciudades colombianas. Su ministerio los llevó a viajar por cuatro continentes. Por último, Ricardo llegó a ser director de la zona norte de Sudamérica.

El poder de Dios contra el mal

El primer congreso internacional de brujería se iba a celebrar en el Parque de Feria Internacional de la hermosa capital de Bogotá. Llegaron brujos de todo el mundo y el pueblo de Dios se levantó indignado contra el evento. Convocamos a nuestros soldados para unirse a la batalla, en total unos sesenta.

Dios nos dio una estrategia en oración: la mitad de nosotros se atrincheró frente a la feria en un pequeño parque, para orar contra el poder de Satanás. Atamos las fuerzas del enemigo y oramos para que los participantes no pudieran practicar la magia. La otra mitad, pertrechada con porciones del Evangelio, cruzó la calle para charlar con la gente, a la entrada, advirtiéndoles amablemente lo que dice la Biblia acerca de la brujería, el ocultismo, la magia y la adivinación. Cada dos horas cambiábamos de posición unos con otros. Hubo muy buen resultado. Algunos rompieron sus boletos y rehusaron entrar y algunos se convirtieron a Cristo.

Al día siguiente, un periodista informó que los brujos alegaron que no pudieron hacer mucha magia porque los cristianos estaban orando. Para romper «la racha» de los cristianos decidieron sacrificar un gallo negro. Pero al prohibir la ley colombiana el sacrificio de animales, recurrieron a un gallo de plástico, lo cual no surtió efecto. El congreso finalizó con un gran déficit económico y nunca volvió a celebrarse en Colombia.

Nueva colaboración con los católicos

La renovación carismática llegó a Bogotá y un fervor evangelizador sacudió a la Iglesia Católica. Muchos estaban preparados para este soplo de aire fresco del Espíritu Santo y lo recibieron con los brazos abiertos.

Nos presentaron a Samuel Herrera (este no es su verdadero nombre), que vivía a una cuadra de una de las iglesias más grandes de la ciudad, con la que estaba comprometido. Su esposa era música profesional y tocaba en la orquesta sinfónica de Bogotá. Dirigía la adoración con su hermosa voz de soprano, acompañándose del arpa. Dios hizo una obra tremenda en sus vidas: sentían pasión por dar a conocer al Señor.

Todos los domingos, después de la misa carismática de las once de la mañana, los que podían se daban cita en su acogedora casa para adorar, dar testimonio y ser salvos. El señor Herrera predicaba. Recuerdo qué bien lo pasé cuando Wedge y yo los visitamos por primera vez.

Antes de comenzar el tiempo de adoración, él dijo: «Sé que muchos de los que están aquí han venido esta mañana para entregar su corazón al Señor. Si quieren ser salvos ahora mismo, pasen al frente y oraremos por ustedes».

No se oía música alguna, no hubo inclinar de cabezas ni cerrar de ojos. Todos estaban expectantes. De pronto, la gente empezó a entrar en el salón desde las escaleras, el vestíbulo, el comedor y la cocina. Mientras entraban, los demás observaban, animando y aplaudiendo. No tuvo ningún secreto aquella llamada al altar. Era, en realidad, una confesión pública. Ellos no habían sido influenciados por nuestra «liturgia evangélica». Se manifestaron con total espontaneidad. Fue un acontecimiento gozoso, eufórico: una celebración. *¡Nos encantó!*

Estos grupos se multiplicaron hasta alcanzar seiscientas u ochocientas células hogareñas que se reunían semanalmente. La gente tenía hambre de Dios, aunque en muchos casos su celo era mayor que el conocimiento de su Palabra. No siempre actuaban sabiamente, lo cual nos preocupaba.

Después de mucha oración, concertamos una cita con un párroco que celebraba la misa carismática los domingos por la mañana. Antes de entrevistarnos con él, nos reunimos para orar con el señor Herrera y con el doctor José Vicente Pinto, líder de célula de hogar y ex sacerdote jesuita, dos amigos de aquella iglesia que se identificaban con nosotros y querían acompañarnos para visitar al sacerdote.

Compartimos con el sacerdote Miranda nuestra preocupación por la necesidad de suministrar más enseñanza a aquellos creyentes que habían iniciado una relación con el Señor. Propusimos un seminario de enseñanza de dos semanas sobre cristianismo básico, explicando exactamente el material a enseñar. Después de escuchar atentamente, dijo: «Hagámoslo. Además, quiero que asistan a misa el próximo domingo por la mañana y den su testimonio. Anuncien luego el seminario. Imprimiremos hojas para darlo a conocer y ustedes las distribuirán al final de la misa».

El sacerdote Miranda nos ofreció todo lo que habíamos pedido en oración. Continuó diciendo: «Solo hay un problema: han escogido las semanas en que los estudiantes universitarios están de exámenes finales. Es posible que no asistan más de cuatro».

No disponíamos de otra ocasión, pero su admonición no nos desalentó. Es más, salimos de allí animadísimos.

El domingo siguiente por la mañana, a un bloque de distancia de la iglesia, oímos a la congregación cantar: «Gloria, gloria, aleluya su verdad está avanzando», y terminar con la declaración *Jesús es el Señor*. Al entrar, vimos a unas mil personas cantando y dando palmas. Nos miramos dudando si aquella era realmente una iglesia católica.

El sacerdote hizo una cálida presentación de Wedge y lo invitó a subir al púlpito para hablar de su experiencia con el Señor y anunciar el seminario de dos semanas sobre cristianismo básico.

Llegó el día cargado de emociones. El sacerdote nos dejaría usar un salón anexo al santuario por las dos semanas. No habría música especial, tan solo enseñanza. Pero, ¿acudiría alguien? ¿Se cumpliría la profecía del sacerdote y no asistirían más de cuatro personas?

Cuando llegamos a la iglesia, el salón estaba repleto. Faltaba todavía media hora para el comienzo y ya había gente de pie. Cuando comenzó la reunión, había gente por los pasillos y tuvieron que abrir las ventanas para que pudieran ver y oír desde fuera. El sacerdote se olvidó de incluir dos ceros cuando predijo que solo asistirían cuatro personas, porque hubo cuatrocientos cada noche.

Las personas, sentadas en sillas y en el suelo, tomaban apuntes con ahínco. También se dieron cita varias monjas, pero se quedaron atrás por si acaso algo raro sucedía. Los oyentes de Wedge rieron mucho, pero las monjas ni siquiera esbozaron una sonrisa. No obstante, la segunda noche se colocaron un poco más cerca del conferenciante. La tercera, aun más cerca. La cuarta, se internaron en el espíritu del seminario y se les escapó alguna sonrisa. La quinta noche, disfrutaron de lo lindo y se rieron sin ningún rubor.

Los sacerdotes asomaban la cabeza para escuchar y se les oyó decir: «Este americano debe ser un buen sicólogo. Ha conseguido mantener su atención por dos horas, en vez de los veinte minutos acostumbrados».

Cuando Wedge escuchó el comentario se echó a reír y dijo: «No es sicología, es el mensaje de vida lo que retiene su atención».

Por las tardes les enseñábamos intercesión, dividiéndolos en pequeños grupos de oración. Clamaban al Señor por las necesidades de su nación, así como por las de otras naciones del mundo. ¡Cuánto entusiasmo sentían al involucrarse de manera tan íntima con el Señor Jesús!

Una noche de la segunda semana, llegó un grupo de personas y se sentó al fondo del auditorio. Al terminar una enseñanza que versaba acerca de la conciencia limpia, Wedge pidió a la gente que guardara silencio, escuchara al Señor y le dejaran escrutar sus corazones. Un silencio santo cubrió toda la audiencia. Entonces, alguien empezó a orar en voz muy alta, desgarradora. Wedge volvió a rogar que nadie dijera nada. El hombre elevó su voz más aun, desafiando la petición de Wedge. En ese momento, el doctor José Vicente Pinto, se puso de pie e hizo una señal a Wedge preguntando si debía encargarse del asunto. Wedge asintió. A pesar de la gran concurrencia, el doctor José se las arregló para llegar hasta donde estaba el hombre que interrumpía la reunión. Los jucumeros, que estaban sentados cerca, nos contaron el resto del caso.

Al acercarse el doctor José al hombre, una señora se interpuso súbitamente. Ella parecía ser líder de ese pequeño grupo. Levantó la mano como si fuera a reprender al doctor José con cierto poder espiritual. Este respondió levantando la mano y reprendiéndola en el nombre de Jesús. Ella se derrumbó e intentó ponerse de pie y levantar otra vez la mano. El doctor José volvió a levantar la mano y a reprenderla firmemente en el nombre de Jesús. Ella se desplomó y ya no pudo levantarse. El doctor José le tendió la mano. Y la ayudó a levantarse. Parecía un trapo. La condujo hasta la puerta y su cortejo le siguió. Una vez fuera, se echaron a correr, mirando hacia atrás, como si alguien estuviera persiguiéndolos. No se detuvieron hasta alcanzar la segunda cuadra.

En cuanto a las curiosas monjas, a la segunda semana ya hablaban con nosotros, y tomaban apuntes sentadas sobre el estrado donde Wedge predicaba. Después de acabar el seminario, nos pidieron que oráramos por ellas.

Una de ellas, Alicia del Espíritu Santo, nos enseñó la letra torcida que había escrito. Las palabras saltaban literalmente del borde de la página. Le habían diagnosticado una enfermedad que le impedía escribir en línea recta. ¿Oraríamos por ella? Por supuesto que sí. La noche siguiente regresó y nos contó que el Señor la había sanado completamente y que ya era capaz de escribir sin impedimento.

Cuando se hizo el llamamiento para rendirse al señorío de Cristo, las monjas se pusieron en pie. Alicia partió para servir como misionera en un país extranjero.

El punto culminante fue una revolución. Les habíamos enseñado a testificar puerta a puerta, y aguardábamos al sábado para salir todos a las calles y compartir a Jesús. A diferencia de otras veces, cuando una persona abría la puerta y respondía: «Lo siento, pero soy católico», los alumnos replicaban: «Yo también lo soy. Pero soy un católico nacido de nuevo. ¿Lo es usted?» Después sosteníamos conversaciones transformadoras. Con razón dijo el Papa Juan XXIII: «Necesitamos evangelizar a los miembros bautizados de la Iglesia».

Entre los que entregaron su corazón al Señor, en ese seminario, se hallaban el doctor Bohórquez y toda su familia. Llegó a ser un gran amigo nuestro. A partir de entonces fue nuestro médico personal y también prestó sus servicios a cualquier jucumero en necesidad, y gratis.

AYUDA MÉDICA DIVINA

Unas vísperas de Navidad, en Bogotá, Wedge estaba tumbado en el suelo de la sala, al lado de la chimenea, temblando de escalofríos y de fiebre, mientras los demás abríamos los regalos, cantábamos villancicos e intentábamos que se sintiera mejor. La velada le resultó incómoda y al final tuvo que abandonar la fiesta y meterse en la cama, dejando intacta su pastel de cerezas con crema.

El día de Navidad por la mañana estuvo peor, pues no cesaba de temblar. Debía partir para San Diego, California, en un par de días para hablar en la inauguración de una campaña de Biblias para México. Llamé al doctor Bohórquez, que me preguntó si Wedge había estado recientemente en la selva. Sí, acababa de regresar tras tres semanas de enseñanza. El médico se presentó de inmediato, seguro de que Wedge padecía un ataque de malaria.

Llegó, abrió la puerta del dormitorio y con voz resonante dijo: «Amigo Wedge, he venido a orar por usted». A pesar de sus escalofríos, el doctor le hizo sentarse y quitarse la camisa del pijama. Y volviéndose hacia mí, me preguntó si tenía un poco de aceite para ungirlo. Nos sorprendimos porque no le habíamos enseñado a ungir con aceite, pero él leía la Biblia a solas.

El único aceite que yo tenía era un perfume muy fragante llamado *aceite de almizcle*. Aunque nunca había oído hablar de él, dijo que probablemente serviría. Después de frotar el aceite de almizcle por el pecho y la espalda de Wedge, el doctor tomó un pedazo de papel de su cartera negra. «Sé que ustedes no leen sus oraciones», dijo disculpándose, «pero yo aún no he aprendido a orar sin leer». Procedió a orar en voz audible una hermosa oración de fe que había escrito. Yo sostuve el papel y él leyó la oración mientras frotaba. Wedge me aseguró que fue un excelente masaje. Y su olor también.

Al día siguiente, Wedge estaba perfectamente bien, con nuevas fuerzas, al contrario de como suele sentirse después de un día de fiebre muy alta. Se levantó e hizo la maleta para viajar a San Diego, lo cual era un milagro. Partió para California y no sufrió ninguna recaída.

HACIA CALI

Un par de meses después recibimos una llamada de una iglesia católica en Cali. ¿Estaríamos dispuestos a ofrecerles el mismo seminario que habíamos impartido en Bogotá? ¡Claro que sí!

El sacerdote nos recogió en el aeropuerto y nos condujo hasta la casa parroquial que debíamos compartir con varios compañeros suyos. Hubo idéntica respuesta a la de Bogotá, pero lo que más disfrutamos fueron las horas que pasamos en torno a la mesa, después de cada sesión, charlando de las cosas del Señor con los sacerdotes. Tenían hambre de Dios, nos preguntaban sobre nuestra vida y cómo habíamos llegado a conocerlo.

Dios es la persona más hermosa del universo. Es una gran aventura seguirlo adondequiera que dirija, incluso a la Iglesia Católica.

Descubrimos que no se puede meter a Dios en una caja, aunque a veces lo intentamos. Cualquiera que piense que Dios se limita a actuar en las iglesias evangélicas, se molestará cuando él se mueva en medio de la Iglesia Católica. Nosotros no sentíamos contrariedad alguna, tan solo bendición.

UN ATUENDO ADECUADO REFLEJA LA GLORIA DE DIOS

Como Wedge y yo habíamos visto a Dios proveer tantas necesidades en detalle, tales como árboles de Navidad, cancanes, botas blancas, listas de comestibles y dinero para viajar, era natural para mí decirles a nuestros misioneros colombianos que Dios quería proveerles de buena ropa. Es importante que, como representantes del Rey de reyes, ofrezcamos buen aspecto y prestemos atención a cosas como la combinación adecuada de colores, o exhibamos un estilo de peinado ajustado a la forma del rostro y de la personalidad. Los jóvenes misioneros empezaron a escribir listas de cosas que necesitaban que Dios les supliera para poder honrarle con su apariencia.

En 1982, más de cuarenta recibieron provisión milagrosa de vuelos para viajar a España para ministrar en el Campeonato Mundial de Fútbol. Una participante europea comentó a Yarley Niño, que por aquel entonces era directora de las Escuelas de Discipulado en Colombia:

—Yo pensé que los colombianos eran pobres, pero visten mejor que nosotros.

—Bueno, Shirley nos enseñó a orar por buena ropa y el Señor responde a nuestras oraciones —replicó Yarley.

La misma fe sencilla que los condujo a España para asistir a un evento internacional de JuCUM les proporcionó ropa atractiva, adecuada.

EL SUEÑO SE CONVIRTIÓ EN REALIDAD

Nuestro sueño de contar con un centro de formación en Sudamérica se hizo realidad. Los alumnos que se formaron allí evangelizaron en Colombia, Costa Rica, Guatemala, México e incluso en el nuevo hospital de JuCUM: el barco *Anastasis*. Viajaron a Ecuador, Perú, Bolivia, Venezuela, Estados Unidos, España, Inglaterra, India, Tibet, China, Mongolia, Taiwán y Japón. Nunca más creyeron que los misioneros debían proceder exclusivamente de naciones del primer mundo. Habían probado por sí mismos la bondad y provisión de Dios y la emoción de servirle. Nació una base multiplicadora de misioneros.

CAPÍTULO 11

TENGO QUE DESCUBRIR QUE ÉL ES MI DIOS

«Él es tu Dios mamá, pero yo tengo que descubrir por mí misma que es también el mío», me confesó mi hija Crystal, cuando tenía veintidós años, mientras lavábamos los platos de la cena, unos días después de rendir su vida al Señor. Era hija de un pastor, hija de misioneros, vivía en una comunidad cristiana no obstante, persistía en vivir apartada de Dios. Su existencia se había caracterizado por el egoísmo y la rebelión contra Dios y todo lo cristiano.

CONFIABA EN SUS PADRES

Yo reflexionaba en esta joven de carácter fuerte y perseverante. Años antes, cuando asistía a la universidad en los Estados Unidos, se comprometió con un joven con quien había salido desde los días de instituto. Wedge y yo hicimos por aquel tiempo una breve visita a California, y ella quería celebrar la fiesta de compromiso antes de nuestra partida.

En la biblioteca, examinamos libros para conseguir ideas y decidir el tipo de juegos, la decoración y el refrigerio para la fiesta. Pero sentí pesadez en mi corazón.

Por último cerré el libro que tenía delante y la miré.

—Cariño, siento que no es lo más conveniente que te cases con Jim (no es su verdadero nombre).

145

Me miró, guardó silencio por un instante y luego dijo:

—Bueno mamá, si crees que no es correcto, no me casaré con él.

Sorprendentemente, pese a su rebelión contra Dios, comprendía la importancia de la aprobación de sus padres a la hora de escoger un esposo. Y ella confiaba en mí. Pero, ¿cómo cancelaría su compromiso sin herir a su novio y amigo de mucho tiempo?

Cierta noche nos invitaron a casa de Jim. Su madre había preparado una cena deliciosa. Yo sabía que Crystal esperaba la oportunidad para decirle a Jim que iba a poner fin a su compromiso, pero supuse que lo haría cuando estuvieran solos.

Después de la cena, nos instalamos en la sala. La conversación estuvo animada hasta que Tom, el padre de Jim, dijo:

—Bueno Shirley, ¿qué piensas acerca del casamiento de estos dos? Como ya sabes, Jim todavía estudia en la universidad y no tiene trabajo fijo. No sé cómo van a vivir.

—Tom —respondí— no me preocupa tanto el aspecto económico de su relación como el espiritual. Crystal es una persona de carácter fuerte y necesita un hombre de Dios que la dirija y la cuide.

Me volví hacia Jim y le pregunté:

—Jim, ¿crees que podrías ser el líder espiritual que necesita Crystal?

El apreciado joven, con toda honestidad y humildad, dijo con voz queda:

—No creo que pueda ofrecerle eso a Crystal.

En ese momento creció ante mis ojos. Nos las arreglamos el resto de la velada, aunque, realmente, ya no había nada más que decir. Entonces Crystal se quitó el anillo de compromiso con diamantes, se lo devolvió y se despidieron.

Dios había actuado en ambas partes de la relación para que ninguna resultara ofendida. El compromiso fue anulado por mutuo acuerdo. Uno o dos días después, Crystal nos acompañó hasta nuestro próximo destino. Nunca lo volvió a ver y nunca lamentó su decisión, admitiendo que habría sido un error casarse con él.

Crystal se sometió por fin a Dios

La tarde en que Crystal se rindió a Dios invitó a un amigo a asistir a una clase que su padre iba a impartir. A fin de que su amigo se sintiera cómodo, decidió acompañarlo. Wedge enseñó cómo puede un hombre rebelde reconciliarse con un Dios amoroso. Crystal lo escuchó y se convenció de su estado pecaminoso. Por primera vez en su vida, le importó realmente que sus elecciones egoístas entristecieran el corazón de Dios. Fue para ella una revelación saber que tenía capacidad de ofender a Dios.

Cuando Wedge invitó a los que estaban dispuestos a abrazar la cruz y vivir para agradar al Señor, el frío corazón de Crystal se derritió. Las lágrimas corrieron por sus mejillas, se arrodilló al frente de la clase y rindió su vida al Señor.

¡Qué gran gozo inundó al centro de JuCUM aquella tarde! Todos estaban orando por ella y sus oraciones recibieron respuesta. En las semanas siguientes, el rostro de Crystal reflejaba el gozo del Señor. Todos nosotros fuimos testigos del repentino cambio que tuvo lugar en su vida.

Ahora ella deseaba experimentar su provisión por sí misma. Mientras secaba otro plato, comentó:

—Sé que Dios existe, mamá. He experimentado su provisión de alimento y vestido durante toda mi vida gracias a tus oraciones. Pero ahora tengo que descubrir si va a suplir, o no, mis necesidades.

—Claro que te proveerá. Él anhela mostrarte que también es tu Dios —le dije mientras colgaba mi delantal y apagaba la luz de la cocina. Me pregunté: «¿Cómo lo haría?»

UNA GRAN PRUEBA

Lo primero que Dios hizo fue mostrarle que trabajara con Jim y Pam Stier en JuCUM Brasil. Crystal estaba deseosa de salir a donde pudiera conocer a Dios por sí misma, donde papá y mamá no pudieran suplir sus necesidades, donde pudiera crecer espiritualmente y gustar la bondad de Dios.

«Mamá», dijo, «quiero que Dios me lo ponga difícil. Tengo que conocer que él también es mi Dios».

Su primera prueba fue conseguir un pasaje por avión de Bogotá a Belo Horizonte. A las tres de la tarde, el día antes de partir Crystal, el agente de viajes llamó para decir que debíamos recoger su boleto antes de las 5:30 o perdería su reservación.

Fui a su habitación, esperando encontrar a una Crystal nerviosa y preocupada. En vez de eso, estaba tumbada en la cama, boca abajo, con la Biblia abierta. Su maleta roja, bien empacada, estaba a su lado, medio cerrada, llena de ropa que ella misma había confeccionado para su nueva vida.

Cuando le pregunté qué estaba haciendo, me sonrió dulcemente y contestó confiada que solo estaba esperando a que el Señor supliera su pasaje. «Él me ha dicho que va a hacer algo nuevo. He hecho todo lo que está a mi alcance y solo me queda esperar», añadió.

Ella sabía que su avión saldría a la mañana siguiente temprano y que no tenía dinero para comprar un pasaje de quinientos dólares, pero no dio muestras de intimidación.

Yo me encerré en mi habitación, me arrodillé al lado de la cama y oré: «Señor, esta es una gran oportunidad de demostrarle a Crystal que tú eres realmente Dios. Tú sabes que si yo tuviera dinero le compraría gustosamente el pasaje. ¿Qué vas a hacer, Señor?»

Toda la familia jucumera estaba en vilo esperando lo que Dios iba a hacer por Crystal. Ellos habían orado por su salvación y por su pasaje, y se regocijaban de que Dios la hubiese llamado al campo misionero. Ahora aguardaban lo que Dios haría.

A las 5:25 no había señal alguna del dinero. Crystal continuaba creyendo que Dios supliría. Como a las 5:30 escuchó un crujido. Volvió la cabeza, justo a tiempo para ver que algo se deslizaba por debajo de la puerta.

Era un billete de avión. Lo recogió y bajó volando las escaleras, gritando hasta el comedor, donde se estaba sirviendo la cena. En escasos segundos, todos lo celebraron con júbilo y dieron gracias a Dios por su fidelidad. Ella desconoce aún quién le compró el billete.

A través de esta primera experiencia, Crystal conoció que Dios era su proveedor, no solo el de su mamá y su papá. Conoció que él es un Dios personal, interesado en ella. Pero esta fue solo una de las muchas evidencias increíbles de que Dios era realmente su Dios.

EN ORO PRIETO

Cuando Crystal llegó a Brasil, fue asignada a un grupo que hablaba portugués, el idioma del país. Como hablaba correctamente el español, no le resultó difícil aprender el portugués.

Al grupo se le encargó establecer un centro de JuCUM en Oro Prieto, ciudad edificada por los esclavos hace varios siglos. Fueron con expectativas muy altas y pocos recursos materiales. Tuvieron que dormir en el suelo y sus provisiones fueron muy escasas. No obstante, a pesar de su esfuerzo y sacrificios, lucharon varias semanas contra una ominosa nube de tinieblas y opresión espiritual que se cernía sobre la ciudad. Por ejemplo, visitaron un parque donde se concentraban los drogadictos. A pesar del testimonio insistente del grupo, ninguna persona conoció al Señor.

Entonces se les acabó el dinero y los alimentos. Crystal se dirigió al capitán del equipo: «Bueno, yo sé que el Señor puede proveer. Pero como no lo ha hecho, tal vez haya algo en nuestra vida que esté reteniendo su provisión».

Los miembros del grupo empezaron a compartir recelos que habían sentido unos contra otros. Después de pedirse perdón y de orar unos por los otros, estaban seguros que el Señor proveería. Pero no lo hizo.

Después de dos días sin comida, Crystal sugirió a su capitán: «Bueno, como Dios sigue sin proveer, tal vez desee que oremos y ayunemos por la ciudad. Me parece que no ha habido resultados visibles porque no hemos quebrantado el poder de Satanás en la ciudad mediante el ayuno y la oración».

Continuaron ayunando, ya que no tenían otro remedio. Pero esta vez, lo hicieron con entendimiento y propósito. Pasaron tres, cuatro días. Al quinto día, alguien llamó a la puerta y trajo alimentos. Dios puso fin a su ayuno. Volvieron a comer. La dureza de la gente fue quebrada y los corazones se arrepentían delante de Dios, *muchos se convirtieron.*

Algún tiempo después visité Brasil y enseñé en una escuela de discipulado, en Belo Horizonte. Como una docena de personas se acercaron a mí, después de la clase, y me dijeron que Crystal les había guiado al Señor en Oro Prieto, de modo que yo era su abuela. Se incorporaron a JuCUM para prepararse como misioneros.

Hoy, muchos de aquellos convertidos, aún sirven al Señor como misioneros y algunos ocupan puestos de liderazgo. Uno de ellos es Paulo da Silva, hijo de pastor pero lejos de Dios, a quien Crystal condujo al Señor. Él se incorporó inmediatamente al grupo para evangelizar y dar testimonio a sus amigos no conversos. Actualmente es uno de los líderes en JuCUM Chile.

Una visita no deseada

Algunas noches después, cuando dormía metida en su saco, Crystal fue bruscamente despertada por un agudo dolor en el pie. Se lo agarró, y luego sintió otro dolor agudo en la mano. Dio un chillido y despertó a sus compañeras de alcoba, las que se sumaron al coro de gritos, como suelen hacer las mujeres. Pronto descubrieron un escorpión que se había introducido en el saco de dormir de Crystal. Las chicas mataron al intruso y oraron por Crystal. El dolor remitió inmediatamente; no hubo hinchazón, y al cabo de poco, se metió en el saco y se quedó dormida sin temor alguno.

Poco tiempo después de convertirse al Señor, él le proveyó un pasaje de avión, alimento cuando no había ninguno y sanidad para su cuerpo. Crystal descubrió por sí misma que él también era su Dios.

CAPÍTULO 12

EL CAMPEONATO MUNDIAL DE FÚTBOL Y JuCUM ARGENTINA

En 1978, el mundo fijó su atención en el Campeonato Mundial de Fútbol, que se celebraría en junio, en Argentina. En enero, JuCUM comenzó a hacer planes para que nuestra gente, repartida por todo el mundo, se diera cita en ese país para compartir su fe en Cristo.

No solo alcanzaríamos a los argentinos, sino al mundo en miniatura, que acudiría a las cinco ciudades principales en que se celebraría el campeonato. Distribuiríamos folletos y porciones de Escritura en muchas lenguas para que todos pudieran llevarse a casa el Evangelio en su propio idioma. Muchos cristianos de todo el mundo oraron para que Dios se moviera en Argentina, y en todas partes los jucumeros preguntaban a Dios cómo debían comprometerse. ¿Orando? ¿Yendo? ¿Dando a otros para que pudieran ir?

Los jucumeros de Colombia también oraban por Argentina. Una mañana de enero, seis jóvenes se acercaron a mi oficina. Miguel, portavoz del grupo, dijo:

—Shirley, sentimos que Dios nos llama a participar en la campaña de JuCUM con motivo del campeonato. Creemos que tenemos la palabra del Señor para ir.

Les pregunté cuánto dinero tenían. Respondieron que entre veinte y cien pesos, cantidades equivalentes a setenta y cinco centavos, el que menos, y tres dólares con setenta y cinco centavos el que más. Con eso ni siquiera podían llegar a la frontera de Ecuador y mucho menos cruzar el resto de países hasta Argentina. No queriendo menoscabar su fe, escruté el círculo de anhelantes rostros y les dije:

—Algo es, para empezar, pero creo que tenemos que pensar en un mínimo de cien dólares por persona para emprender el viaje. Vayan y oren un poco más, y cuando pasen algunas semanas, volveremos a hablar.

Una semana después volvieron a mi oficina. Miguel me dijo:

—Shirley, hemos estado orando y sentimos que Dios nos indica que debemos partir de inmediato.

—¿Tienen más dinero que la semana pasada? —Yo quería que fueran prácticos, como también espirituales. Por otra parte, como les habíamos enseñado los principios para oír la voz de Dios, debíamos de darles la oportunidad de obedecer a aquella voz interior. Si el Señor no les había hablado, ellos serían los primeros en saberlo. Si era, efectivamente, el Señor, yo no quería interponerme. ¡Qué responsabilidad es el liderazgo!

—Tenemos un poco más —respondieron tímidamente—. Pero sabemos que Dios proveerá a medida que nos movamos hacia adelante. Realmente creemos que él nos habló.

Me recordé a mí misma un lema que habíamos repetido tantas veces:

«A donde Dios te guíe, te va a proveer.

A donde te lleve, te da de comer».

Lo habíamos aprendido hacía mucho y experimentado incontables veces.

En la clase aprendieron a confiar en Dios por cualquier detalle y lo aplicaron a la vida real por un par de años. Pero viajar a Argentina desde Colombia por tierra no era una jornada de fin de semana. El viaje, de un extremo a otro del continente, pondría su fe a prueba como nunca antes.

De repente me entusiasmé por su fe valiente y su confianza plena en el Dios vivo, quien camina con nosotros cuando nos envía. Les dije: «Vayan a hacer la maleta y llamaremos a toda la comunidad jucumera para que oren por ustedes y les comisionen para realizar el viaje. Ustedes serán las primicias de muchos colombianos que viajarán a Argentina para el campeonato». *«¡Yupiii!»*, gritaron a una voz.

DE CAMINO

Aquella noche, después de cargar su equipaje en los taxis que les conducirían a la estación de autobuses, nos despedimos. Comprarían boletos hasta donde pudieran. Todo el día la gente había estado trayendo ofrendas, lo que evidenciaba la provisión continua de Dios. Estaban emocionados con la aventura que tenían por delante.

Recogí todo su dinero para comprar pasajes hasta Quito, Ecuador, en donde se presentaron a los pastores para explicarles el motivo de su viaje. Colaboraron con las iglesias por un mes, enseñando y llevando grupos a evangelizar y compartiendo su carga por la campaña del *mundial*. Antes de partir, la iglesia les entregó una ofrenda que bastaba para llegar al Perú.

El mismo proceso se repitió en Perú, Chile e incluso en Argentina, de camino a Buenos Aires. Como no tuvieron recursos para volar directamente a Buenos Aires, disfrutaron de oportunidades para retar y reclutar cristianos en varios países para la campaña del *mundial*. Y muchos jóvenes de Ecuador,

Perú, Chile y Argentina respondieron a su desafío y los siguieron.

Muchos, en esos países, recuerdan todavía el impacto que causó aquel grupo en sus vidas. Pero no todas sus experiencias fueron positivas. En cierto país, un pastor les dijo: «Ah, ya los conozco. Ustedes son esos famosos jucumeros que viajan por todo el mundo con boletos gruesos de avión y relojes de oro». Y cogió a Miguel por la camisa y lo zarandeó. Luego lo hizo girar y le dijo: «Así es como tratamos a los jucumeros aquí». Le dio una patada en el trasero y lo echó fuera.

Cuando Miguel, apuesto y capaz hombre de Dios, me contó esta experiencia, le pregunté si se había enfadado.

«No, Shirley, lloré como un bebé». Y yo también sentí ganas de llorar.

Ellos abrieron paso a los cuarenta y dos colombianos que después les siguieron, según las distintas formas de provisión de Dios. Algunos, haciendo dedo, otros en tren o autobús, otros incluso en avión. A su llegada a Buenos Aires se unieron a más de setecientos jucumeros de cuarenta y dos países que habían acudido a Argentina para compartir su fe.

Búsqueda de alojamiento en Buenos Aires

Wedge, Brent y yo fuimos a la Argentina en febrero para colaborar en la preparación de la campaña. Daphne George fue con nosotros para servirnos como secretaria, aunque era farmacéutica de un hospital y ni siquiera le gustaba el secretariado. Bromeaba diciendo que yo no había orado correctamente cuando pedí una secretaria, por eso apareció ella.

Ethel Rodríguez, una agente inmobiliaria piadosa, nos ayudaría a encontrar un lugar para las necesidades de JuCUM. Mientras tanto, nos ofreció alojamiento temporal en su propia casa. Esperábamos trasladarnos bajo nuevo techo en cosa de una semana. Pero estábamos equivocados. Nuestro querido Padre celestial tenía otra cosa en mente. Otro curso de su escuela.

Pasó una semana, luego dos, tres, cuatro. Aún vivíamos con Ethel. No era muy eficiente llevar una oficina desde el suelo del dormitorio, pero la eficacia no siempre es prioritaria para Dios. Él tenía otros planes para nosotros.

Salimos para impartir un curso previo al mundial en Córdoba, seguros de que a nuestro regreso a Buenos Aires Ethel ya habría localizado algo para nosotros. Pero los alquileres eran escasos. No había absolutamente nada disponible. Era una situación embarazosa. No podíamos continuar para siempre con esta gente.

Crystal llegó de Brasil con hepatitis infecciosa, para unirse a nuestro grupo, encargado de la organización. Ethel sabía lo que era padecer hepatitis en su propia familia, no se preocupaba de un posible contagio y dio la bienvenida a nuestra hija. A Crystal le prescribieron reposo absoluto y una dieta especial, lo cual añadió presión a una situación ya complicada. Nos sentábamos en el suelo de su habitación para procesar las solicitudes y contestar la correspondencia relacionada con el *mundial*. Cinco personas vivían ahora con Ethel y su familia, mientras que otras cinco o seis estaban esparcidas por Buenos Aires, en otros hogares cristianos. Celebrábamos las reuniones del grupo en la sala de Ethel.

Pregunté al Señor al respecto

Ethel nunca se quejaba, pero un día le pregunté al Señor acerca de nuestra situación. La conversación fue más o menos así: «Señor, no entendemos por qué no has provisto un lugar para nosotros. Hemos salido todos los días buscando apartamentos, casas, escuelas, hoteles, o cualquier otro lugar que ofreciera alguna posibilidad para establecer un centro de JuCUM y no hemos encontrado nada. Ethel busca también todos los días. No podemos seguir abusando de ella y de su familia. Por favor, explícame qué está pasando».

Su respuesta fue sencilla. «Shirley, ustedes han estado aquí estos dos meses porque quiero que Ethel conozca que la Gran Comisión es tarea de todos. Algunos van y predican, y otros proporcionan camas, hogares, alimento y dinero». Eso fue todo lo que me dijo. Muy sencillo, lo entendí perfectamente.

Al día siguiente le conté a Ethel lo que me había dicho el Señor. Me escuchó pensativa y asintió, entendiendo que ella era tan misionera como lo éramos nosotros.

Aquellas semanas nos brindaron oportunidad de sostener largas conversaciones con Ethel y con su hijo Ricardo Alberto, que tenía poco más de veinte años y estudiaba derecho en la Universidad de Buenos Aires. Él también trabajaba con otro agente inmobiliario para ayudar a la familia. Ethel y Ricardo observaban todo lo que hacíamos. Él nos hacía muchas preguntas acerca del vivir por fe, quién nos financiaba y cuánto ganábamos. Por supuesto, le explicamos que nadie nos pagaba. Que cuando teníamos una necesidad, acudíamos al Señor y esperábamos su respuesta.

Ricardo se admiraba que hiciéramos el trabajo de oficina sentados en el suelo. Se asombraba cuando Wedge limpiaba la mesa y fregaba los platos. Nunca había visto misioneros vivir de esta forma, sirviéndose los unos a los otros y esperando recibir de Dios provisión para todos los detalles.

Aunque lo ignorábamos, nuestra presencia avivó el llamado que recibió Ricardo en su niñez para ser misionero. Así llegamos a tener vínculos muy estrechos con la familia Rodríguez. Después de haber desarrollado una amistad duradera, Dios estaba listo para que diéramos el siguiente paso.

UN SITIO GRANDE Y HERMOSO

Quedó disponible un apartamento grande en una sexta planta, todo un piso con varios dormitorios, baños y sala comedor enorme. Varias puertas de cristal daban acceso a un balcón que dominaba una de las calles del *Once*, sector comercial de Buenos Aires. Estábamos a un paso del metro, muy bien situados para desempeñar las actividades venideras. Cientos de personas pasarían por el apartamento en las semanas y meses siguientes.

Nuestro equipo completo de doce personas podría vivir junto. Podríamos compartir gastos y tareas. Maravilloso. Pero no disponíamos de muebles, ni platos, ni cubiertos, ni ollas de cocina, ni otros utensilios.

Una iglesia local nos prestó colchones y ya pudimos dormir en el suelo. Daniel Secrist, miembro del grupo, descubrió que una estantería podía deslizarse fuera de un armario para hacer de mesa. Comíamos sentados en el suelo. Una sábana, color lavanda, hacía de mantel. Comprábamos alimentos que se pudieran comer con los dedos porque aún no disponíamos de cubiertos.

De nuevo, Dios puso a sus hijos a nuestro alrededor para que se involucraran en la Gran Comisión. Un día alguien llegó con un juego de platos y de vasos. Una ofrenda nos permitió comprar ollas, utensilios y cubiertos. Nos emocionaba ver entrar día tras día la provisión de Dios.

Wally y Norma Wenge llegaron desde JuCUM Hawai y compraron unas elegantes cortinas para las puertas de cristal del balcón del apartamento. Los amigos argentinos nos llevaron un bonito juego de té.

Seguíamos sin muebles ni equipo de oficina. Wedge, tumbado en el suelo, sobre el estómago mecanografiaba cartas con una máquina prestada. Sue Secrist, esposa de Dan y secretaria ejecutiva, que llegó en respuesta a las oraciones de Daphne, taquigrafiaba sentada en el suelo. Guardábamos archivos en cajas de cartón de whiskies famosos. Daphne se hizo cargo de la contabilidad, no disponía de calculadora y trabajaba en el suelo, como los demás.

Un día dije: «Señor, esto es ridículo. No se puede llevar una oficina trabajando en el suelo. Necesitamos máquina de escribir, archivador, escritorios y sillas. Podemos arreglárnoslas sin camas ni mesas, pero es necesario tener cierto tipo de orden en la oficina».

De modo que, Daphne y yo compramos los muebles y el equipo de oficina que nos hacía falta. Como cuando necesitábamos muebles para la sala en Alamogordo, fuimos a casa y oramos por estas cosas.

RICARDO AÚN OBSERVABA

Casi todos los días, al regresar del trabajo, Ricardo se pasaba por nuestro apartamento para ver qué tal nos iba. Con el tiempo nos diría que estuvo examinando nuestra vida de fe a través de una lupa de interés y curiosidad extremos. Él quería saber si este estilo de vida era realmente posible. Preguntaba cosas como: «¿Dónde consiguieron esos platos? ¿De dónde han salido estas cosas?»

Nosotros siempre respondíamos: «Es la provisión del Señor por medio de sus hijos, Ricardo». Él introducía todos los datos en su computadora mental.

Un día recibimos un cheque de JuCUM Hawai por valor de varios miles de dólares, con una carta que explicaba que debía ser empleado para adquirir equipo de oficina. Ya lo habíamos escogido. No había más que pagarlo y esperar su entrega.

Una tarde, llegó Ricardo, como de costumbre. Cuando vio los muebles nuevos exclamó:

—¿Dónde han conseguido estos escritorios, sillas y archivador?

—Del Señor a través de JuCUM Hawai, Ricardo.

Después, localizó nuestra nueva máquina de escribir IBM que borraba automáticamente.

—¿De dónde salió esta máquina de escribir? Tenemos una en la oficina y sabemos lo que cuesta.

—Del Señor, Ricardo. Él no es dueño de lo barato. Además, la necesitamos...

Otra ofrenda nos permitió adquirir un juego de comedor, de segunda mano, en muy buen estado. Por fin, pudimos comer sentados en sillas. Nilda, otra amiga, nos donó un bonito juego de sala. Otra ofrenda, esta vez procedente de Sudáfrica, fue destinada para: cualquier cosa que necesitáramos. La empleamos para comprar literas triples.

La cosa siguió hasta que acabamos de amueblar el enorme apartamento y una oficina, situada a seis cuadras de distancia. Wedge y yo nos trasladamos a vivir en esa oficina hasta la conclusión del *mundial*, porque había llegado mucha gente y llenado el piso.

Crystal, recuperada de la hepatitis, regresó un día de otra ciudad en la que había trabajado con otro grupo. Le dijeron que nosotros ya no vivíamos en el apartamento de JuCUM, que nos quedábamos en la oficina. Se acercó, se dejó caer en el sofá de la oficina y dijo: «¡Qué bueno es estar en *casa*!» Era la primera vez que se encontraba en aquella oficina. Cuando caímos en la cuenta de lo que había dicho, los tres nos echamos a reír.

A veces nos preguntaban si tantas mudanzas no producían inseguridad en nosotros o en nuestros hijos. Después de que Crystal dijera aquella frase, hablamos de nuestra situación altamente inestable. Ella dijo: «Sabes, mamá, el hogar es donde tú y papá están». ¡Cuánta razón tenía! Son papá y mamá y sus actitudes lo que produce estabilidad, no el punto geográfico. Incluso una oficina puede ser un hogar. Crystal no se sintió insegura ni amenazada, ni nosotros tampoco.

LA PRIMERA ESCUELA DE DISCIPULADO ARGENTINA

¿Valió la pena invertir setecientos jóvenes cristianos de cuarenta y dos países para interceder, hacer guerra espiritual y compartir su fe de manera personal con miles de personas de todo el mundo? ¡Sí! Todos los días, los jucumeros hallaban compatriotas suyos entre los que acudieron al campeonato. En aquellos días proclamaron audazmente el señorío de Jesucristo a un mundo en miniatura.

También, gracias a esa campaña, los poderes de las tinieblas fueron desafiados y las ataduras rotas sobre Argentina. Muchos tuvieron encuentros personales con Dios que no se habrían producido de no haberse celebrado el *mundial*. Varios centenares conocieron a Dios. Los pastores nos contaron después que la campaña celebrada con motivo del evento marcó un punto de cambio en las iglesias y en la atmósfera espiritual de Argentina.

José y Rosana, por ejemplo, joven pareja argentina, con talento artístico, se entregó al Señor durante el *mundial* y nunca retornaron a su viejo estilo de vida. Unos años después de graduarse en nuestra Escuela de Misiones de Buenos Aires, se trasladaron al Chaco, al norte de Argentina, y fundaron un Centro JuCUM. Además de una escuela de discipulado ellos rigieron un café-bar que ofrecía música, pantomima y teatro para alcanzar a la juventud, en colaboración con las iglesias locales. Otro de sus muchos ministerios fue alimentar a ciento veinte niños diariamente.

Jóvenes de todo el mundo llegaron a Argentina con la intención de quedarse solo durante el mes del *mundial*. Cuando se enteraron de que se iba a impartir una escuela de discipulado inmediatamente después, muchos quisieron participar. A la mayoría de ellos sus recursos no les permitían sufragar los cinco meses de escuela, cuya primera fase tendría lugar en Buenos Aires, y cuya segunda (y última) en el interior de la provincia de Córdoba. A pesar de ello, al terminar el mundial, ochenta alumnos se enrolaron en nuestra primera escuela de discipulado argentina.

RICARDO ALBERTO RODRÍGUEZ

Dios había tratado profundamente con Ricardo, quien ahora deseaba seguir su llamado infantil a las misiones. Solo una cosa se interpuso en su camino. No quería que dijeran que se había entregado al ministerio a tiempo completo por no haber tenido éxito en ninguna otra cosa. Por lo cual sostuvo una conversación con Dios.

«Señor, tú eres digno de ser servido por encima de todo. Eres digno de sacrificio y quiero poder ofrecerte algo. ¿Puedes decirle a mi jefe que me doble el salario y las comisiones? Entonces dejaré el empleo y te seguiré al campo misionero».

PALABRAS QUE RETAN.

Al día siguiente, el jefe de Ricardo se presentó y le dijo:

—Ricardo, nuestra empresa está realmente despegando. Las cosas nos van mejor que nunca y vamos a abrir una sucursal. Queremos que usted la dirija. Ah, su sueldo y comisiones serán de setenta millones de pesos —¡Bingo! Casi tres veces más de lo que había estado ganando.

Mirando desde los papeles de su escritorio, Ricardo sonrió y contestó:

—Muchas gracias. Renuncio.

—¿QUÉ?

— Sí señor, quiero renunciar a mi puesto en la empresa. Tengo una mejor oferta. Es que el Señor me ha llamado a ser misionero. Me dedicaré al ministerio a tiempo completo.

—¡Estás loco, Ricardo! —gritó su jefe. Luego bajó la voz—. Entre nosotros, ¿dónde vas a trabajar y cuánto te van a pagar?

Estaba seguro de que Ricardo había recibido una oferta mucho mejor y le gustaría poder igualarla.

Ricardo le explicó que iba a trabajar con JuCUM, una organización que no solo no pagaba ningún sueldo, sino que además le exigían que pagara su propio sustento para trabajar con ellos. El jefe sacudió la cabeza, pero Ricardo se limitó a sonreír, seguro de que había tomado una de las decisiones más inteligentes de su vida.

Sin embargo, después de varios días en la escuela de discipulado, estaba seguro de haber cometido la mayor *equivocación* de su vida. Tenía que compartir una habitación pequeña y maloliente con seis compañeros, tuvo una disputa con otro alumno el primer día y su primera comida incluyó hígado y arroz con leche, de postre, las únicas dos cosas que le daban asco. Salió para pasar el fin de semana en casa con el convencimiento de no regresar.

Cuando se puso a orar al respecto, el Señor le habló a través del pasaje de Mateo sentado en la mesa de los tributos. Jesús llamó a Mateo, que dejó la mesa de los impuestos y le siguió. Ricardo estalló en llanto, recordando el reconocimiento —tributo— que él había recibido en la universidad, su trabajo, su iglesia y su familia. El Espíritu Santo le preguntó si estaba dispuesto a abandonar la mesa de los tributos para seguirle. La voluntad de Ricardo se rompió. Oró: «Señor, no es nada dejar estas cosas por ti. Quiero que sigas enviándome las cosas que no me gustan para desarrollar mi carácter. Volveré a ese dormitorio. Comeré cualquier comida que se me ponga delante porque entiendo que lo hago por ti».

Ricardo no volvió a tener problemas en la escuela. Tan pronto como renunció a sus derechos, los problemas terminaron. Es más, después de aquel día no se volvió a servir hígado ni arroz con leche. Había pasado la prueba.

DIOS PROVEYÓ

Aunque la administración de la escuela concedió a los desprevenidos alumnos un período de tiempo para pagar sus cuotas, los fondos iban entrando de manera muy lenta. Menos mal que había un poco de dinero para cubrir las necesidades de la escuela. Poco después del traslado de la escuela a Córdoba, me di cuenta de que la sopa era cada día menos sustanciosa, las comidas más escasas. Un día, Daphne me dijo que no tenía dinero que dar al cocinero para comprar comida. Y añadió:

—Fui con el cocinero a la cocina, pensando que podíamos encontrar algo rápido que preparar. Pero no había ni una haba, ni un grano de arroz, ni una papa. Absolutamente nada, Shirley.

La tienda más cercana quedaba a un par de horas a pie, a través de las montañas, y no disponíamos de vehículos ni de dinero.

—Esto representa un gran problema para Wedge —dije—. Veamos qué es lo que quiere que hagamos. Y nos dirigimos a su oficina.

Él ponderó la situación durante unos instantes, se frotó la barbilla y dijo:

—Hagan sonar la campanilla como de costumbre.

Los alumnos acudieron en tropel al comedor esperando encontrar comida. Se sentaron a las mesas y esperaron para bendecir los alimentos.

Wedge empezó diciendo:

—Jóvenes, tengo una pregunta que hacerles. ¿Por qué sirven al Señor? ¿Por lo que él les da? ¿Por lo que hace por ustedes? ¿O le sirven por ser Quien es?

Después de algunos segundos respondieron casi al unísono:

—Servimos a Dios por ser Quien es.

Entonces Wedge explicó que no había nada para comer aquel día, que dedicaríamos aquel tiempo y ocasión para adorar al Señor por Quien es.

Uno por uno fueron expresando su amor por él, mencionando muchos de sus atributos. Unimos nuestras voces en canciones que expresaban nuestro amor hacia él. La presencia del Señor era palpable. Durante los próximos veinte o treinta minutos nos sentíamos tan absortos que ya no pensábamos en la comida.

Súbitamente, la doble puerta del comedor se abrió y entraron dos jóvenes con sacos sobre sus hombros. Los alumnos continuaron alabando y los jóvenes transportaron discretamente los sacos a la cocina. Yo les seguí. Los colocaron en medio, los abrieron y mostraron pan, queso y fruta. Comenzamos a servir. Había suficiente para que todos recibieran dos emparedados y una fruta.

Nos entusiasmamos aun más y empezamos a alabar al Señor por lo que acababa de hacer. No tengo ni idea de dónde venían el pan ni el queso. Tal vez alguien donó la comida. En cuanto a la fruta, los dos jóvenes se fijaron en un árbol repleto de fruta y, pidiéndole al dueño, este les ofreció generosamente toda la que necesitaran.

Aquel día, los alumnos superaron una prueba, al igual que la administración de la escuela. A partir de entonces siempre se dispuso de fondos y alimentos.

A Uruguay para renovar visas

Durante aquella escuela, unos treinta de nuestros alumnos tuvieron que salir del país para renovar sus visas. La frontera más cercana es la de Uruguay. Recogimos el dinero de todos y lo dividimos en partes iguales, como quince dólares por cada grupo de tres. En todos los grupos había al menos un varón para que las chicas no tuvieran que viajar solas.

Su tarea era oír la voz de Dios y obedecerla para saber cómo gastar su dinero, ya fuera comprar comida, transporte u otras necesidades. Como maestros suyos, solo podíamos animarles a vivir según los principios de Dios, y luego el Espíritu Santo les infundiría entendimiento práctico. Después de orar por ellos, los enviamos. Esto fue una de las cosas más difíciles que jamás hemos tenido que hacer.

Algunos caminaron, otros pidieron aventón. Ninguno sabía a ciencia cierta cómo viajar hasta Uruguay, pero sí que su objetivo era cruzar la frontera, renovar sus visas y regresar.

Un grupo pidió al Señor instrucciones detalladas, e incluso en qué lugar detenerse para hacer autostop. Algunos conductores los recogían y los llevaban hasta el final de su trayecto. Luego los despedían y les indicaban la dirección hacia Uruguay. Después, alguien se acercaba y el proceso se repetía.

Otro grupo, que viajaba en el remolque de un camión de transporte, sintió mucha hambre y pidió al Señor pollo frito. Poco después el camión se detuvo. El conductor les informó que se había detenido para comer pollo frito y los invitó. En Latinoamérica el que invita es el que suele pagar.

Y así aconteció en cada paso que dieron.

No había manera de comunicarnos con ellos, por lo que me preocupé bastante. No cesaba de preguntarme dónde estarían y qué estarían haciendo.

Día tras día hicimos lo único que podíamos hacer, ponerlos en manos del Señor y rogar por su protección y provisión. Una noche me desperté orando en voz alta, sentada en la cama.

Al cabo de una semana comenzaron a llegar. Un grupo, luego otro y al día siguiente otros dos, contando sus propios testimonios de la fidelidad de Dios.

Un grupo confesó que no podían contar muchas victorias. Ello se debió a las muchas quejas. Los grupos que pidieron la dirección del Señor para todo el camino notificaron una victoria tras otra. Todos testificaron que conocían al Señor mucho mejor después de aquel viaje, y estaban agradecidos por la experiencia vivida, aunque hubiera sido difícil. Aprender a dar gracias en tiempos difíciles es una lección importante de la Escuela del Espíritu Santo.

¡Cuán bueno era tenerlos de vuelta después de una semana de incertidumbre!

Otra prueba para Ricardo

Cuando pasaron los tres meses de clases, Ricardo aún debía cuatrocientos dólares, que tenían que ser pagados antes de salir por dos meses de campaña. Intentó volver a casa y trabajar para pagar la cuenta, pero el Señor le mostró que iba a hacer un milagro, con lo cual no necesitaría volver a su trabajo. A los pocos días, un compañero se acercó y le dijo: «Ricardo, quiero trabajar para pagar la factura de tu escuela; así podrás ir de cruzada».

Ricardo se conmovió. Nunca le había ocurrido nada semejante. Le fue de nuevo confirmado que Dios tiene muchas maneras de cubrir nuestras necesidades. Fue satisfecho hasta el último peso de su deuda.

A CHILE EN PIE DE GUERRA

Cuando terminó la escuela de discipulado, Ricardo dirigió un equipo a Chile para evangelizar, pese a que se hallaba en pie de guerra con Argentina. Oyó que la guerra ya había estallado en el sur y que el gobierno estaba enviando ataúdes para enterrar a los soldados que fallecieran. También oyó que, en caso de guerra, el embajador argentino abandonaría Chile y que los argentinos del grupo se quedarían sin protección. Supo, incluso, que él y otros argentinos podrían ser interceptados en la frontera y obligados a incorporarse al ejército argentino.

Ricardo oró y ayunó. El Señor le habló a través del libro de Jueces, animándole a «ocupar la tierra» porque sus habitantes eran gente mansa y pacífica. Su confianza aumentó y guió al grupo hasta la frontera donde se les exigía doscientos dólares por persona. Entre todos solo tenían cinco o seis. Se les había dicho que los agentes de aduanas no harían ninguna excepción respecto al requisito del dinero.

El grupo oró y bajó del autobús para pasar por inmigración. Eran los últimos pasajeros de la fila. Cuando la policía les preguntó cuánto dinero tenían y quién los iba a sustentar en Chile, Ricardo respondió: «Tenemos unos seis dólares. El Señor nos envía para predicar el Evangelio. Él nos sustentará. Necesitamos visas para tres meses».

El oficial de migración los miró con incredulidad y se rió. Fue a hablar con su superior. En pocos minutos regresó, selló enérgicamente los pasaportes y los dejó pasar. Cuando abrieron los pasaportes, vieron que les habían concedido un visado de un año.

Dos días después de su llegada a Chile, ambos países firmaron un tratado de paz. Dios había cuidado de los detalles, en tanto ellos escuchaban y obedecían su voz.

EL PRINCIPIO DE DAR

Los milagros que el Señor hacía diariamente para el grupo de Ricardo, en Chile, se reprodujeron en todos los otros equipos que salieron. Los jóvenes entendieron que si ellos se responsabilizaban de lo posible Dios haría lo imposible. Él proveería para pagar alquileres, alimentos, pasajes de autobús y otros gastos. Pero tan importante como confiar en Dios por *sus* necesidades, los miembros del grupo aprendieron a dar para socorrer a otros. Por ejemplo, cuando Ricardo y su compañero David Zurita, panadero profesional, tenían pocos fondos, decidieron que este asaría pan y Ricardo lo vendería. Cuando tenían algo de dinero ahorrado, el Señor les mostró que se lo donaran a un pastor chileno que había sufrido quemaduras graves en el rostro. Obedecieron, siguiendo el importante principio de dar.

En otra ocasión el grupo de Ricardo necesitaba urgentemente seiscientos dólares para hacer frente a cierto gasto. Entre todos solo reunían veintiséis. Un día antes de la fecha en que vencía el pago, una amiga de JuCUM, que desconocía su necesidad, sintió, de parte del Señor, entregarles quinientos dólares que había ahorrado para comprarse un auto nuevo. El mismo día llegaron dos cheques en el correo, por la suma de cien dólares. Dios proveyó los seiscientos dólares.

Estos jóvenes jucumeros aprendieron que todo le pertenece a Dios, no solo el diez por ciento. A veces, él les pidió que lo dieran todo: dinero, relojes, trajes… luego enviaba a alguien que les daba mucho más de lo que ellos habían sacrificado.

Dar es *divertido;* una aventura, una osadía. Es obediencia.

CAPÍTULO 13

DE PAN Y AGUA A LA EXQUISITEZ

El *mundial* de Argentina terminó. El último alumno de la escuela de discipulado se despidió. Crystal partió para asistir a la Escuela de Ministerios Creativos en JuCUM Canadá. Corría el año 1979. Llegó el momento de asumir un nuevo reto. Wedge, Brent y yo hicimos las maletas y nos unimos a Nancy Neville y a un grupo que estaba en Santiago de Chile para ayudarlos a establecer un Centro JuCUM.

Durante meses, Nancy fue convenciéndose de que su lugar ministerial estaba en Chile y se adelantó para hacer preparativos para el grupo. Se alojó con Antonio y Delia, una pareja chilena maravillosa que abrió sus puertas a los jucumeros.

En cosa de poco tiempo, Nancy se rodeó de un grupo de líderes poderoso, bien entretejido: Ricardo Alberto Rodríguez, que se quedó en Chile después de la campaña, Jorge Verón, argentino, que llegó a Chile después del mundial y David Hamilton, norteamericano.

Cuando llegamos nosotros, a mediados de 1979, los ayudamos a buscar una instalación idónea para establecer un Centro JuCUM. Por fin, hallamos una finca con una casa vieja, situada como a una hora del centro de Santiago. La llamamos *La Pintana*. Pronto estuvo hasta los topes con escuelas de discipulado y personal.

Todas las mañanas antes del desayuno nos reuníamos con Nancy y su grupo para un tiempo intenso de oración y planificación. Le planteamos a Dios todas las preguntas imaginables acerca de la escuela, su currículo, líderes de grupos pequeños, ministerios locales y campañas. Apenas respirábamos sin antes preguntarle. Queríamos tener su perspectiva de cada detalle. En tanto y cuanto puedo recordar, este era el modelo que seguía Nancy. Ella era maestra de escuela en Nueva Zelanda y muy metódica en todo lo que hacía.

No nos cupo duda de que el centro no se erigiría si no nos postrábamos de rodillas. Tampoco dudábamos que Nancy era una mujer piadosa que mantenía una profunda relación con Dios. Era una mujer de firmes principios y creía en absolutos. Sus oraciones nos llevaban directamente a la presencia de Dios. Los seis cultivamos en aquellos años vínculos indestructibles y Dios respondía a nuestras oraciones de forma extraordinaria.

LA CAJA DE GALLETAS

El lugar más cercano que Wedge, Brent y yo encontramos para vivir fue una casa de alquiler, a dos horas a pie del Centro JuCUM, o veinte minutos por autobús. La llamamos nuestra pequeña «caja de galletas». No tenía calefacción, se filtraba la luz por entre los marcos de las ventanas y a través de las paredes, y la brisa penetraba incluso con las ventanas cerradas. Cuando soplaban vientos invernales, las cortinas se levantaban casi paralelas al suelo.

EL PRECIO ERA ASEQUIBLE

Antonio y Delia nos ayudaron a amueblar nuestro nuevo hogar. Nos prestaron su hermosa cama, tallada en madera, con edredón y muchas otras cosas. Nos compraron incluso utensilios de cocina, platos y alimentos.

Si teníamos diez centavos, tomábamos el autobús hasta JuCUM. Si no, caminábamos. Un domingo por la tarde quisimos asistir a un culto para las familias, pero solo podíamos comprar pasajes de ida. Así que caminamos hasta JuCUM mientras todavía era de día. Regresaríamos en autobús cuando ya fuera de noche, porque teníamos que atravesar zonas peligrosas de la ciudad.

No obstante, después de escuchar el mensaje, se recogió una ofrenda para el conferenciante, uno de nuestros hombres que ministraba en las prisiones de Viña del Mar. Yo hablé sigilosamente al oído de Wedge. Él accedió a echar el dinero que costaba el autobús en la ofrenda, de manera que salí al frente y puse los veinte centavos en la cesta. Volveríamos a casa caminando. Al volver a ocupar mi asiento, alguien me puso algo en la mano susurrando: «Esto es para su viaje a casa esta noche». Era mucho más de lo que costaba el autobús. En cualquier caso, ¿cómo lo supo? Lo medité por largo tiempo.

En otra ocasión, cuando vivíamos en Chile, Wedge tomó el autobús para visitar al dentista en el centro de Santiago, pero le faltaba dinero para regresar a casa. Tuvo que caminar dieciséis kilómetros. Vivíamos en las afueras de la capital, en una localidad llamada Puente Alto. Llegó tarde a casa y exhausto.

Tan solo hicimos lo que teníamos que hacer. Vivíamos literalmente de la mano del Señor, lo que nos acercó mucho al pueblo chileno. Ellos sentían que éramos uno.

Un domingo por la mañana me sentí enferma y me quedé en la cama mientras Wedge y Brent caminaban diez cuadras hasta la iglesia en que Wedge tenía que predicar.

Nuestros armarios estaban vacíos. Tumbada, le dije al Señor que me encantaría tomar un huevo escalfado. Entonces llegó una señora a la iglesia con una docena de huevos. Mientras Wedge predicaba, ella sintió dar los huevos a la misionera norteamericana, aunque los había destinado para la esposa del pastor. Al principio se resistió, pensando cuán absurdo sería ofrecer los huevos a una americana. La opinión popular es que los misioneros estadounidense tienen excelentes recursos y ninguna necesidad.

Cuando terminó el servicio religioso, ella explicó su impresión a la esposa del pastor, que le dijo: «Si el Señor le ha dicho que entregue esos huevos al hermano Alman, más vale que lo haga». Así pues, Wedge y Brent regresaron a casa con una bolsa de huevos.

Nunca dejo de sorprenderme de la gran precisión con que a nuestro Padre celestial le gusta cubrir todas las necesidades. Una vez más nos asombramos y le dimos gracias por su detallada provisión.

DÍA DE LA INDEPENDENCIA

La víspera del día de la independencia de Chile, Wedge, Brent y yo nos sentamos a comer la última porción de comida que teníamos. Wedge se lamentó:

—Me habría encantado aceptar la invitación de ir a comer con Delia.

La habíamos rechazado porque no podíamos pagar el autobús hasta su casa.

Yo asentí y dije:

—Bueno, ¿qué te gustaría comer mañana?

—Me gustaría ir a un restaurante.

—A mí no —repuse—. A mí me gustaría asar filetes a la parrilla en el patio trasero —jugando con el último bocado que había en mi plato y luego nos echamos a reír. No teníamos nada y, sin embargo, no nos poníamos de acuerdo.

—¿Por qué no pedimos al Señor que nos sorprenda? —sugerí. Y así lo hicimos.

«Señor, no nos ponemos de acuerdo en lo que nos gustaría hacer mañana. Es fiesta, no habrá escuela. ¿No deberíamos celebrarlo?»

Cinco minutos más tarde llamaron a la puerta. Era Anselmo, uno de nuestros alumnos, que llegaba con una caja grande. Explicó que la enviaban Delia y Antonio, ya que no podíamos ir el día siguiente a comer a su casa.

Miré a hurtadillas, sabiendo que Dios estaba riendo con nosotros. Me reí a carcajadas, gozosa de ver cosas de las que carecía mi cocina. Cuidaron todos los detalles. ¿Cómo pudieron saberlo?

Comenzamos a llorar. Anselmo nos miró confuso. Le explicamos que no teníamos nada para comer al día siguiente, pero que Dios había provisto con abundancia. Bueno, abundantemente, excepto la carne para la parrilla.

Entonces recordó el sobre que llevaba en el bolsillo. «Ah, también envían esto». Dentro había una ofrenda más que suficiente para comprar los filetes. Wedge dio los diezmos de aquella ofrenda a Anselmo, y acto seguido, este comenzó a llorar, explicando que él también había rehusado aceptar una invitación para un almuerzo, al día siguiente, porque carecía de dinero para el autobús. Ahora podría ir.

Nos emocionamos. Repetimos, como lo hemos hecho muchas veces, que no cambiaríamos nuestra suerte ni con la persona más rica del mundo.

UN CARNERO EN LA ESPESURA

El Centro de JuCUM de Santiago fue un lugar allanado por los carabineros, como ya mencioné en la introducción. El gobierno dio por sentado que únicamente los comunistas soportarían tantas privaciones como los jucumeros.

Muchas veces aquel año, los alumnos y el personal de JuCUM se sentaron a la mesa con poco más que pan y agua.

Dábamos gracias a Dios por ello y pasábamos el resto de la comida o la cena adorando, contando por bendición el tener parte en la gran misión de Dios.

Pero Dios no nos había olvidado. De hecho, estoy convencida de que a veces dijo a nuestro grupo, lo mismo que a Abraham: «Ahora conozco que me aman, que están dispuestos a pagar cualquier precio por obedecerme».

Lo mismo que él proveyó, un carnero en medio de la espesura para Abraham, un día nos lo dio a través de una amiga de JuCUM que trabajaba en un banco local. Ella hizo arreglos para que recibiéramos toda la comida exquisita que nuestros misioneros quisieran comer.

Por comida exquisita quiero decir ollas grandes de filete miñón, bandejas de entremeses, cazuelas de pollos enteros y otras delicadezas. Aquel banco proveyó almuerzo diario para los empleados y luego se deshizo de las sobras. La comida fue tan abundante que JuCUM comenzó un ministerio de misericordia, alimentando gente en su puerta principal, costumbre que continuó por muchos años.

Nuestros jóvenes misioneros aprendieron que Dios es un proveedor fiel y maravilloso cuando vivimos según los principios que él ha establecido en su Palabra. Dios continuó enseñándoles a través de la experiencia. Podría haber tratado con ellos de otras formas, pero no habrían conocido tan claramente Quien es él.

En cuanto a Wedge y a mí, haber vivido tal estilo de vida por más de cuarenta años nos ha enseñado que estas experiencias proporcionan a los cristianos la forma más rápida de realmente conocer a Dios y Sus caminos.

RICARDO Y JuCUM CHILE

A la larga, Ricardo llegó a ser líder en Santiago y, más adelante, de JuCUM Chile, con bases de ministerio en muchas ciudades. Se casó con una bonita jucumera chilena y después regresó a Argentina por un año para terminar su carrera de derecho. Hoy, Ricardo es director regional de cinco países del cono Sur: Chile, Argentina, Bolivia, Uruguay y Paraguay.

De vuelta en los Estados Unidos

Ese mismo año recibimos un telegrama de nuestra hija Bárbara pidiéndonos que fuéramos a San Francisco para su boda. Ella se divorció hace años. La ceremonia se celebraría en enero de 1980. Después de orar, supimos que Dios quería que viajáramos a California para asistir a la boda. *La familia es importante para él.* Nuestra Bárbara era importante para él. Y para nosotros. Así que reservamos los pasajes de avión.

El plan era volver a Estados Unidos para celebrar la Navidad con mi familia en Iowa antes de viajar a California.

Esto era un gran proyecto para un matrimonio que tenía lo justo para el autobús que cruzaba la ciudad… a veces. Pero el secreto consistía en obedecer a Dios.

De forma no común llegó el dinero, justo a tiempo. Viajamos a Iowa con Brent. Al llegar solo nos quedaban cinco dólares y no contábamos con medios visibles para viajar a California.

Crystal viajó desde JuCUM Canadá para celebrar la Navidad con la familia y acompañarnos a California. Luego se incorporaría a su equipo en Puerto Rico, para continuar su ministerio. Brent no viajaría a California con nosotros porque ya se había comprometido con la base de JuCUM en Nueva Jersey.

Iba a ser una Navidad maravillosa. En cuanto a la compra de regalos, nadie sabía que solo nos quedaban cinco dólares en los bolsillos. Entonces Wedge recibió una invitación para predicar un domingo antes de Navidad, y recibió una ofrenda más que suficiente para comprar regalos.

Ahora nos enfrentábamos al reto de desplazarnos a California para la boda. Ninguno de los tres teníamos fondos ni vehículo.

Mi hermano Jon había volado desde Los Ángeles para pasar la Navidad con la familia. Un día habló con Wedge y le dijo:

—He estado pensando en comprar un auto nuevo en Iowa. El problema es que no tengo tiempo para conducirlo hasta California. ¿Estarían dispuestos hacerlo por mí?

—¿En qué clase de automóvil estás pensando, Jon? —preguntó Wedge por cortesía, aunque realmente no importaba.

—En un Cadillac Seville negro —era obvio que ya había meditado bien el asunto.

Wedge dijo que nos encantaría llevárselo, excepto que teníamos que descender hasta El Paso, Texas, para asistir a una reunión de liderazgo y al inicio de una campaña de Biblias para México. Jon aceptó y pocos días después voló hasta California.

Crystal, Wedge y yo emprendimos el viaje hacia el sudoeste, utilizando la tarjeta de crédito de Jon para cubrir los gastos. Ella y yo nos turnamos detrás del volante para que Wedge pudiera leer el manual y se entretuviera con todos artilugios y botones.

A veces, mientras conducíamos por la autopista, nos mirábamos uno al otro y nos echábamos a reír recordando cómo Dios hace las cosas. Yo tengo una gran imaginación, pero nunca se me habría ocurrido un viaje a California de este estilo. Las cabezas giraban hacia nosotros cuando parábamos delante de un restaurante o nos deteníamos delante de un semáforo. Lo pasamos muy bien con el Señor en aquel viaje.

EL PASO

Los jucumeros de El Paso bromeaban diciendo que si Dios regalaba cadillacs a los misioneros de Sudamérica, ellos también se sentían llamados a ir allí. Ignoraban los kilómetros que habíamos caminado a pie aquel último año.

Jim Dawson nos recordó a todos que Dios suele mimarnos, después de haber pasado tiempos difíciles, con increíbles sorpresas. Es preciso cerrar las mandíbulas que se nos abrieron cuando vimos lo que Dios hizo por nosotros.

Se recogió una ofrenda, en la primera reunión, destinada a la compra de Biblias para México. Los jucumeros rebuscaron los bolsillos y dieron con generosidad. Nuestros amigos de Alamogordo viajaron por carretera hasta El Paso para pasar un tiempo con nosotros y asistir a la reunión. Wedge y otros acompañantes pasaron al frente del auditorio con cajas de zapatos que sirvieron de bandejas para la ofrenda.

La esposa de nuestro amigo nos contó después que Dios conversó con ella acerca del anillo de diamantes que llevaba, valorado en veinticinco mil dólares. Por último, caminó resueltamente hacia el frente del auditorio y dejó caer el anillo en la caja de zapatos que sostenía Wedge. Brotó gozo de su rostro. A dólar por Biblia, aquel anillo podría costear muchísimos ejemplares. Continuamos nuestro interesante viaje hacia el oeste.

EN TUCSON

En Tucson, Arizona, nos detuvimos en un restaurante, para desayunar con el pastor Bill y algunos miembros de su iglesia que nos habían apoyado de forma regular por varios años. Nos preguntaron cómo viajábamos y se lo dijimos. Les encantó nuestra historia. Entonces el pastor Bill nos dijo: «¿Qué van a hacer cuando dejen el auto en Los Ángeles? ¿Cómo irán hasta San Francisco para la boda?» Continuó sin esperar una respuesta: «Pásense por la oficina de la iglesia después del desayuno. Queremos entregarles un cheque para que puedan volar hasta San Francisco».

¡Qué Dios tan maravilloso! No pasó por alto ni un solo detalle en todo el viaje. Cuando llegamos al estacionamiento de la iglesia, el pastor auxiliar, que no había estado en el desayuno, miró por la ventana. —Pastor, ese que viene se parece a Wedge Alman.

—Lo es.

—¡Vaya, conduce un Cadillac!

Uno se le podía imaginar cavilando, preguntándose cómo un misionero apoyado por su iglesia podía conducir un automóvil de lujo.

Después de fijarse bien, exclamó:

—¡Pastor, es un Seville!

—¿Sí? —el pastor Bill replicó con indiferencia—. Ese Wedge es un manirroto.

El pastor aprovechó bien la ocasión para divertirse.

Pronto nos abrazamos al pastor asistente, que se regocijó con nosotros cuando supo toda la verdad.

¡Qué divertido! Éramos un ejemplo vivo de misioneros que no dependían del sistema de apoyo organizado que una vez se creyó indispensable.

Dios estaba haciendo grandes cosas en favor nuestro y de las docenas de misioneros hispanoamericanos colaboradores como aquellos que comieron filete miñón en Santiago.

CAPÍTULO 14

MEROS COMIENZOS

Cuando regresamos a Colombia, después de dos años, nos alegramos al descubrir que Antonio estaba haciendo un hermoso trabajo como líder del Centro de JUCUM. Cada año se preparaban más jóvenes que luego eran enviados al campo misionero. Nosotros ayudaríamos a Antonio a dirigir las escuelas.

Crystal y Ernesto se casaron en septiembre de 1981. El 21 de agosto de 1982, sostuve en mis brazos a Jacqueline Ann, treinta minutos después de nacer.

Fue la primera vez que estuve presente en el nacimiento de un nieto. Mi nietecita y yo lo pasamos bien familiarizándonos, esperando que devolvieran a Crystal a su habitación. *Jacqueline*, que es mi segundo nombre, *Ann*, segundo de Crystal, tenía ojos muy grandes y parecía juzgar la gran tarea que tenía por delante como ciudadana de este mundo.

Crystal sonrió cuando la sacaron de la sala de partos y exclamó: «¡Mamá, ha sido la experiencia más fabulosa de toda mi vida!» Dado que escogió un parto natural, tanto ella como el bebé estuvieron bien despiertos durante el acontecimiento.

CENTRO INFANTIL

Aquel mismo año, el Centro de JuCUM inició un período de cuarenta días de búsqueda de Dios, antes de lanzar un ministerio especial para atender a los niños de la ciudad. Durante ese tiempo, él respondió específicamente enviándonos personas y fondos para el nuevo proyecto.

Empezamos humildemente con treinta niños. La necesidad era grande, ya que muchos quedaban abandonados y encerrados en sus casas todo el día mientras las madres trabajaban.

Uno de nuestros grupos golpeó a una puerta cercana al Centro de JUCUM. Nadie respondió, aunque oyeron que lloraban unos niños pequeños. Después de esperar un buen rato, entraron y hallaron dos niñas gemelas, de pocos meses, en la cuna. Tenían una botella, pero no podían alcanzarla. El grupo adivinó lo que ocurría: las niñas pasaban solas todo el día, sin ser alimentadas ni cambiadas, hasta que su madre llegaba del trabajo, a las siete u ocho de la noche.

¡Cómo necesitábamos aquel centro infantil!

EDUCACIÓN CRISTIANA

Helena Pérez, Teresa Fontalvo y otros miembros del personal tenían visión por el centro infantil y por la educación cristiana. A los seis meses, mi Jacqueline fue una de sus primeras alumnas. La meta era tener una verdadera escuela cristiana, no solo un devocional por las mañanas. Queríamos tener una escuela con un currículo cristiano y maestros que conocieran los caminos del Señor y pudieran aplicar los principios cristianos en cualquier situación; maestros que ministrasen al niño totalmente, que orasen por sus heridas internas y les guiasen a una relación profunda con Dios.

Padres deseosos acudían a las reuniones mensuales en las que Helena y Teresa enseñaban principios básicos para conocer a Dios, educar a los niños y enseñarles a desarrollar su carácter. Sus lecciones beneficiarían a los padres, así como a los niños, cosas sencillas, como decir siempre la verdad y no adueñarse nunca de lo que no les pertenecía. Yo hablé en una de aquellas reuniones y me estremecí al enterarme de que todos aquellos padres habían entregado su corazón a Cristo.

El cambio de carácter se manifestó un día, cuando una madre recogió a su hijo de la escuela y también se llevó una maceta del patio.

Al cruzar el portón de la verja, su hijo, de unos cinco años, le dijo:

—Mamá, tú no puedes llevarte esta planta. Pertenece a JuCUM. Eso es robar.

Ella la dejó en el suelo y replicó:

—No iba a llevármela.

—Ahora estás mintiendo, mamá, porque te la ibas a llevar.

Más tarde, la madre asistió a una escuela de discipulado, ministró en otros países y pastoreó una iglesia con su marido.

Una vez que el centro infantil fue realidad, añadimos un grado cada año, con lo que pudimos abarcar desde la guardería hasta el instituto. Ya se han graduado varios cursos y algunos alumnos han cursado escuelas de discipulado y trabajado en misiones.

María y Fernando (nombres ficticios)

En algunas historias que cuento no empleo los verdaderos nombres de las personas. Esto se debe a varias razones, pero se lo advertiré al lector cuando lo haga. Uno de los conversos de Antonio fue María Pilar, una cosmetóloga que había sido comunista y atea. Su marido, Fernando, ex sacerdote jesuita y profesor de universidad, había compartido con ella su anterior ideología, pero quedó fascinado por su nueva fe en Cristo. Ellos aceptaron nuestra invitación a la boda de Crystal. Fernando quedó muy impresionado por la ceremonia. La recepción se ofreció en JuCUM, donde se respiraba un ambiente cristiano.

Unas semanas después, cuando María iba a ser bautizada, Fernando quería estar presente. Nos subimos todos a tres o cuatro autobuses y descendimos un trayecto de un par de horas, hasta lo que se llama «tierra caliente».

El bautismo en el río sería por la tarde. Antonio había planeado evangelizar puerta a puerta por la mañana. Emparejó al ex sacerdote con Wedge, quien le instruyó: «Yo hablaré con la persona que abra la puerta mientras tú oras por mí».

Después de oír a Wedge explicar el mensaje de salvación en varios hogares, Fernando sintió un pinchazo en su corazón. Más tarde nos contó que el Señor le dijo: «¿Por qué oras por esa mujer? *Tú* necesitas ser salvo». Y mientras Wedge oraba por una señora que había invitado al Señor a entrar en su corazón, Fernando también lo recibió.

A la mañana siguiente, él fue el primero en llegar al culto dominical. Cuando el líder preguntó si había alguien que quisiera compartir alguna experiencia vivida el día anterior, Fernando fue el primero que asió el micrófono. Con lágrimas en las mejillas, contó que había buscado al Señor por muchos años y que por fin le había encontrado. Fernando no fue el único que usó el pañuelo aquella mañana.

La madre de Fernando

Poco después de la conversión de Fernando, nos preguntó si queríamos acompañarlos al hospital para visitar a su madre, que iba a ser sometida a una operación de corazón para serle practicado un bypass (desvío coronario).

Ella era una mujer frágil de unos sesenta y tantos años y, que no podía caminar sin agarrarse de la cama, de las barandillas o de las paredes. Estaba muy enferma, muy débil. Nos enseñó un diagrama dibujado por los cirujanos que mostraba exactamente en qué consistiría su operación.

La conversación giró hacia las cosas del Señor, y Wedge le explicó el camino de salvación de una manera muy sencilla. Ella lo miró a los ojos con asombro y exclamó: «¿Por qué nadie me dijo esto antes?»

Cuando Wedge le preguntó si quería aceptar al Señor Jesús en su corazón, respondió jubilosa que sí e hizo la oración del pecador: «Señor, ten misericordia de mí, que soy pecadora. Límpiame de todos mis pecados y lávame con la sangre de Jesús. Entra en mi corazón y sálvame por el amor de Cristo. Amén».

Entonces Wedge, llamándola por su nombre, le dijo: «Elvirita, ¿por qué no pedimos al mismo Dios que ha lavado tus pecados que sane también tu corazón? ¿Crees que el poder del Señor puede también sanarte de tu enfermedad coronaria?»

«Sí», respondió.

Los cuatro oramos, pidiéndole al Señor que la sanara. Hicimos una oración muy sencilla. Dios la tocó. En un par de días fue dada de alta en el hospital y no tuvo que ser operada. En vez de estar confinada al primer piso de su bonita casa, como lo había estado por un par de años, ahora podía subir y bajar las escaleras sin ninguna dificultad.

Se matriculó en la siguiente escuela de discipulado, luego viajó a Puerto Rico, de cruzada. A pleno sol, esta nueva creyente de más de sesenta años hablaba del Señor a todos los que se encontraba. Asistía a todos los retiros que hacíamos. Su hambre de Dios era insaciable.

Viajó a España para participar en la campaña de JuCUM, con motivo del campeonato mundial de fútbol, y un par de años después a Los Ángeles, para la campaña de las Olimpíadas. Dios le había devuelto la vida y ella la empleaba al máximo.

Un grupo de personas muy especial

Fernando pasó a ser parte del grupo de discipulado de Wedge, formado por profesionales y hombres de negocios. Se reunían todos los martes y jueves en el Centro de JuCUM, de seis a ocho de la mañana para ser discipulados y desayunar juntos antes de ir a la oficina. Entre ellos había un profesor universitario, un contador, un fabricante de muebles, un abogado que trabajaba en un banco, un propietario de un negocio de materiales de construcción, un ingeniero electrónico, un controlador de tráfico aéreo y Antonio, director de JuCUM, Bogotá. Todos los viernes por la tarde, el mismo grupo de hombres se reunía con sus esposas, en una casa, para cenar y compartir amistad y discipulado.

Yo me reunía con sus esposas los martes por la mañana. La reunión comenzaba a las nueve, con café y pastelitos; luego teníamos un par de horas de enseñanza. Después de varios meses, abrimos las reuniones a otras mujeres. Asistían regularmente unas cuarenta o cincuenta. A medida que las mujeres iban madurando en el Señor, los matrimonios y sus heridas internas fueron sanando, y las mujeres ocuparon sus puestos en el cuerpo de Cristo.

Cultivamos relaciones profundas y duraderas con aquellas parejas colombianas. Reíamos, llorábamos e incluso, a veces, discutíamos. Celebrábamos acontecimientos especiales en restaurantes, íbamos a saunas o nadábamos en el club militar.

Bogotá es frío durante todo el año, y era un gran regalo pasar ocasionalmente algún fin de semana en sus casas de fin de semana, en tierra caliente, a un par de horas de Bogotá.

Pero lo más importante era reunirnos para estudiar la Palabra de Dios y orar juntos. Nos reíamos mucho, y todo lo que hacíamos era divertido.

Con el tiempo, todos ellos cursaron escuelas de discipulado, o asistieron a clases por las noches, lo cual fortaleció aun más nuestros vínculos. Amábamos un montón a estos amigos maravillosos.

SORPRESAS DIVINAS

Un día, me sentía demasiado cansada para pensar, escribir una carta, hablar con otra persona o contestar el teléfono una vez más. Estaba exhausta. Además, estaba cansada del frío permanente. Hablé con Wedge acerca de tomar unas vacaciones, pero él estaba atrapado en su rutina de trabajo diario y no mostró interés. Entonces, apelé a su «Jefe» (el Señor), y le conté cómo me sentía.

Al día siguiente, cuando estaba sentada, tiritando ante mi escritorio, Luis, del grupo de discipulado de Wedge, golpeó a la puerta. Yo llevaba mucha ropa y estaba envuelta en una *ruana*, prenda que usan los colombianos para protegerse del frío. Yo no quería ver a nadie, pero él no pareció darse cuenta.

«Shirley, tú y Wedge no han disfrutado de unas vacaciones por años. He alquilado una cabaña para ustedes en Melgar». Eso captó mi atención. Melgar era un centro turístico vacacional, situado más abajo, en tierra caliente. «Hagan las maletas. Los recogeré mañana, los acercaré y los volveré a recoger dentro de una semana». *Aquel era mi lugar favorito.*

Una vez que la decisión se tomó, fue fácil convencer a Wedge. Así pues, partimos. *¡Gracias Señor!*

En otra ocasión, un sábado por la mañana, yo estaba limpiando mi apartamento. Wedge se hallaba de viaje. Me sentí sola y deseé recibir una flor de mi querido esposo para ponerla sobre la cómoda.

Pocos minutos más tarde, llamaron a la puerta. Alguien me entregó un hermoso ramo de flores.

Fue como si el Señor dijera: «Yo soy tu esposo. Te amo. Aquí están las flores que querías».

Estaba tan segura de que era Dios el que me las enviaba que no recuerdo quién me las entregó en su nombre.

ROSA MARÍA (NO ES SU VERDADERO NOMBRE)

Un día, Ricardo Ignacio Rodríguez respondió a la llamada de una mujer que preguntaba por el «gerente». Estaba afligida y quería presentarse de inmediato en JuCUM. Quería ser salva. Ricardo se identificó como el director y le aconsejó que acudiera lo antes posible.

Rosa María tenía veintitantos años. Era alta, elegante, con pelo y ojos negros y brillantes. Su apariencia normalmente provocaba una segunda mirada. Pero esta vez su rostro estaba turbado. Enseguida explicó su caso.

Ella era abogado para la Comisión Aeronáutica, nombrada por el presidente del país. Debido al cargo que desempeñaba, recibía sustanciosas ofertas para hacerse la vista gorda ante ciertas leyes sobre estupefacientes. Un soborno de diez mil dólares era una miseria en comparación con las ofertas que regularmente recibía. Hasta la fecha no quiso transigir, pero estaba cada vez más asustada. Para complicar las cosas aun más, era novia de un pariente del presidente y se había enterado recientemente de que su prometido estaba implicado en el tráfico de drogas. Así que puso fin a su relación, y renunció a su puesto de trabajo.

Hasta el presente, nunca había sentido la necesidad de Dios pero, en su desesperación, sentía miedo. Necesitaba su ayuda. Recordó que su hermano, pastor evangélico, le había llevado una vez a una reunión de JuCUM. No tenía idea de qué significaba este acrónimo y buscó en la «J» del directorio telefónico hasta que encontró una dirección en la calle 64: Juventud Con Una Misión. Era lo que buscaba.

Llamó y a los pocos minutos se presentó. Se arrodilló en la oficina de Ricardo y llorando, se arrepintió profundamente por haber vivido de espaldas al Creador y le pidió a Dios que se hiciera cargo de todo el desorden que ella había ocasionado.

Después de orar, Ricardo la llevó a la oficina de Wedge y me llamó. Nosotros le abrimos nuestro corazón. Era fácil amarla.

Quiso ser discipulada. Sin empleo y sin novio, como disponía de tiempo, pasó todos sus días en JuCUM. En las semanas siguientes, nos seguía a todas partes, ayudándonos con el trabajo y formulándonos preguntas sin cesar. Rara vez he visto una persona tan hambrienta de Dios, totalmente absorbida en su amor por él, tan entusiasmada con cada gema de su Palabra.

Su vida social había transcurrido entre la flor y nata de la nación. Aparte de hermosa, era vivaz, el alma de la celebración, la reina de la rumba, acostumbrada a las mejores cosas que la vida puede ofrecer. Cuando perdió todo interés por las fiestas y hablaba constantemente de Dios, sus amigos le preguntaban: «¿Qué te ha sucedido?»

Con osadía y entusiasmo les hablaba de Jesús, que significaba mucho para ella. Les decía que él era una realidad viviente que daba a su vida sentido y propósito.

«Estoy más viva que nunca», decía, «y me divierto más también. Todos los días son emocionantes porque conozco mejor a Jesús. Ven conmigo a JuCUM, tú también puedes entregarle tu corazón».

Una abogada amiga suya respondió a la invitación, luego su dentista y su marido, su sobrina; después otros amigos. Por unas dos semanas, estuvo llevando una o dos personas cada día, para que Wedge les explicara el camino de salvación y las guiara al Señor.

Aunque nos regocijábamos por las personas que nos llevaba, pasábamos tanto tiempo ministrándolas que nuestro trabajo se fue atrasando cada vez más. Un día llamó para decirnos que iba a llevar a otro amigo. Pero Wedge le dijo:

—Mira, Rosa María, ¿cuántas veces me has oído presentar el plan de salvación a tus amigos? Tú misma puedes guiarlos al Señor. Ya no me necesitas. A partir de ahora, ya puedes arreglártelas sola.

—¿Cree que pueda hacerlo?

—Por supuesto.

¡Menuda ganadora de almas en la que se convirtió!

ESFERAS BÁSICAS DE LA SOCIEDAD

Comenzamos a tener desayunos de oración para profesionales todos los viernes por la mañana, a las siete. Una mañana vi, sentados alrededor de la mesa de caoba del Centro de JuCUM, siete generaciones de creyentes: Rosa María, al lado de una amiga a quien había guiado al Señor; a su lado, otra mujer guiada por la *anterior*, y así sucesivamente. El Señor nos llama a ese tipo de multiplicación; no ya a ganar almas, sino a ganar ganadores de almas.

Como nos propusimos seriamente alcanzar Sudamérica, sabíamos que debíamos penetrar en las siete esferas básicas de la sociedad: hogar, iglesia, educación, medios de comunicación, artes y entretenimiento, comercio y gobierno. A principios de 1979, el señor Matíz, subsecretario del presidente de Colombia, nos invitó a visitarlo. Él había escuchado los casetes de Wedge, que habían circulado por el palacio, y quería hablar personalmente con nosotros.

Hablamos de su vida espiritual y de su carga por la nación. Después compartimos con él algunas ideas acerca de la posibilidad de celebrar reuniones en oficinas del gobierno con aquellos que estuviesen interesados en conocer a Dios. Wedge daría un mensaje y luego podríamos orar por la nación. El señor Matíz dijo que le gustaría coordinar tales reuniones y también pasar tiempo con nosotros.

Por esas fechas, recibimos una invitación para hablar en una reunión de oración en el despacho del Ministro de Defensa. Su esposa era cristiana y asistiría acompañada de otras doce personas. Se respiraba un aire de temor y misterio. Teníamos la impresión de que no sabíamos lo que estaba ocurriendo. Unos días después fue asesinado el Ministro de Defensa. Le dispararon mientras viajaba en el asiento trasero de su limusina. Había estado leyendo un libro de Chuck Colson y no llevaba puesto el chaleco a prueba de balas. Estamos agradecidos de haber podido ministrar a personas cercanas a él.

ARTE Y ENTRETENIMIENTO

Otra esfera de influencia en la que queríamos penetrar era el mundo del arte y el entretenimiento. El primer paso fue ofrecer una escuela de ministerios creativos. Un equipo de Canadá llegó a Bogotá para enseñar, formar y ensayar a un elenco de actores colombianos, la vibrante producción de una hora de duración: *El Fabricante de Muñecos e Hijo.*

Durante la campaña de enero y febrero de 1982, en Barranquilla, el grupo de artistas presentó treinta veces esta obra en parques, calles, prisiones y universidades de la ciudad. Los cien jucumeros comprometidos con el proyecto durmieron en el suelo sobre esteras de paja, se aseaban en duchas de agua fría instaladas por la Clínica Bautista y lucharon contra el polvo, el calor y los mosquitos bimotores. En cuanto a la comida, Dios proveyó a través de sus hijos que aportaron arroz, espagueti e incluso carne.

¡Qué emocionante fue ver a más de cien jóvenes prepararse y hablar con pasión de Jesús con cientos de familias! Más de diecisiete mil personas contemplaron esta poderosa danza y pantomima, que comunicaba de una forma bella el amor de Dios y su plan de rescate. Aproximadamente dos mil doscientas personas entregaron sus vidas al Señor durante aquellas seis semanas. Muchas de ellas dieron fruto en las iglesias locales y se involucraron activamente en la evangelización.

El grupo viajó a Cali para hacer varias actuaciones y ofrecer un seminario de ministerios creativos. Lizbeth Buriticá observó la representación con gran interés. Solo tres semanas antes, mientras planeaba cometer suicidio, alguien llamó a su puerta con las buenas nuevas del Evangelio. No se suicidó; se convirtió plenamente a Cristo y su vida dio un giro radical. Era una estudiante universitaria revolucionaria. Formaba parte de una organización que pretendía subvertir al gobierno. Pero también era escritora, artista y actriz. Quedó profundamente impresionada por la actuación e inmediatamente se inscribió en el seminario.

Después, se trasladó a Bogotá para hacer una escuela de discipulado. Su historia es larga y complicada, y seguro que un día será publicada. Después de licenciarse, comenzó un ministerio para atender a los niños de la calle, llamados *gamines*. Pronto contó con un equipo que la acompañaba, por las noches, para encontrar gamines, alimentarlos y hablarles de Dios. Algunos deseaban cambiar; otros preferían las drogas, la delincuencia y la independencia que la calle les ofrecía. Pero su equipo salía todas las noches. Lizbeth trabajó en este ministerio por muchos años y luego partió hacia otros países.

Entonces Dios levantó a un joven para que continuara la obra: un hijo de misioneros, que se había criado en Bogotá. Cursó estudios universitarios en Estados Unidos e hizo una maestría acerca de los niños de la calle, creyendo que Dios lo llamaba a regresar a Colombia. Steve Bartel, su esposa Evie y sus hijos abrieron su corazón y adoptaron a varios niños de la calle. Han residido en Bogotá por veinte años y construyeron una hermosa residencia para albergar y educar a un buen número de niños. Por razones de espacio no puedo referir aquí los detalles del ministerio de esta encantadora pareja.

SHELLEY, NUESTRO BRAZO DERECHO

Wedge regresó de Guatemala, después de intervenir en un encuentro internacional. Mientras estaba allí se entrevistó con Shelley Leveridge. Era del Canadá, sentía carga por Latinoamérica y deseaba incorporarse a la base de Colombia. Trabajó varios años en la base de JuCUM en Hawai.

Llegó a Bogotá pocos días después y se alojó al otro lado del corredor, enfrente de nosotros. Me llamó la atención un hermoso sonido que procedía de su habitación. Alguien estaba mecanografiando, no picoteando. Mecanografiando muy deprisa. Movida por la curiosidad, crucé el vestíbulo, me asomé con sigilo y saludé a la recién llegada. Era Shelley. Y como premio a mi investigación supe que era secretaria. ¡No farmacéutica! A Daphne le habría encantado conocerla.

No le llevó mucho tiempo integrarse a nuestro equipo de liderazgo. Era exactamente lo que necesitaba. Podía leer mi pensamiento y ponerlo por escrito. Parecía que sabía lo que yo quería incluso antes de expresarlo. Le dictaba algunas cartas, pero ella las componía más rápida y hábilmente. Se ocupaba de nuestros libros contables y de cualquier cosa que Wedge o yo necesitáramos hacer.

Shelley había pasado con nosotros solo unos días antes de nuestra partida para África y Europa, y yo temía que pudiera evaporarse, o algo parecido, durante nuestro viaje. Pero cuando regresamos a Colombia, un par de meses después, seguía haciendo que las ruedas giraran. Nuestra oficina funcionaba como un reloj. Dedicamos tiempo a ministrarla. Era muy receptiva y tenía un gran corazón para Dios. Era muy divertida y llegamos a quererla profundamente. ¡Qué respuesta a nuestra oración por una secretaria y «brazo derecho»!

Un puente hacia África y Europa

Por todo el mundo la obra continuó creciendo. Y se establecieron centros de JuCUM en Uruguay, Paraguay y Bolivia.

Wedge y yo fuimos invitados a enseñar en escuelas de JuCUM y en iglesias locales en Sudáfrica, Namibia, España, Portugal, Austria, Francia, Suiza, Alemania, Holanda, Bélgica, Inglaterra, Suecia y Dinamarca. La respuesta era siempre la misma, sin importar de qué país se tratara: los jóvenes tenían hambre de conocer a Dios y deseo de darle a conocer a otros.

Se había levantado un puente para que los hispanoamericanos cruzaran a la otra orilla. Y pronto se pusieron en marcha, atravesando el Atlántico para ministrar. Los europeos abrieron sus corazones a los jucumeros sudamericanos y también sus billeteras. El vínculo que surgió ha bendecido en gran manera a JuCUM a ambos lados del océano.

Un desafío: Puerto Rico

Yarley Niño fue a Puerto Rico en 1983, para abrir una base de JuCUM. Todos los años Wedge y yo íbamos a ayudarla. Shelley fue con nosotros para colaborar con su trabajo de secretaria. Por toda la isla dimos seminarios para pastores y esposas, matrimonios, encuentros y retiros para jóvenes. También predicamos en numerosas iglesias.

Un verano, después de impartir una semana de instrucción, Yarley se llevó a los jóvenes de una iglesia a otra isla para evangelizar. Las instalaciones del campamento eran ínfimas, sin ningún tipo de comodidades. Iban equipados para acampar, pero cuando vieron lo que había, rehusaron levantar sus tiendas. En vez de ello, pasaron la noche en la cocina, sentados delante del único aparato de aire acondicionado que había en el campamento.

Algunos adolescentes lloraron, querían volver a casa. Parece que estaban tan acostumbrados a la comodidad de sus hogares que no estaban dispuestos a evangelizar. El trabajo misionero no era para ellos. Querían regresar a su hermosa perla del Caribe que es Puerto Rico.

Tuvimos una escuela de discipulado tras otra. A la gente le encantaba las escuelas, la formación, pero una vez que terminaban no se quedaba nadie para ayudar a levantar el ministerio. ¿No había nadie dispuesto a dejar su familia o empleo para ser misionero?

DIOS NO SE DESANIMÓ

Dios, sin embargo, no perdió la esperanza de sacar misioneros de Puerto Rico, ni tampoco Yarley Niño. Ambos percibieron el potencial de esta gente maravillosa para extender su reino, pero Yarley necesitaba la llave que desbloqueara tal potencial.

Llevamos *El Fabricante de Muñecos e Hijo* a la isla. Presentamos la obra en varios lugares, y la gente se convertía en cada actuación. Un día, Yarley se acercó a la asistente administradora del decano de una de las principales universidades de la isla, Lyssette Ruiz, y persuadió a esta prestigiosa joven para que le otorgara el permiso necesario para una presentación.

Como siempre, el auditorio estaba abarrotado y la representación fue poderosa. Lyssette se emocionó visiblemente durante la actuación. Después se acercó a Yarley: «Tengo que hablar contigo». Yarley le dijo que tenía que salir de viaje por un par de meses, pero que la llamaría cuando regresara.

Y lo hizo. Sucedió que la vida de Lyssette dio un vuelco completo. Rindió su vida al Señor y Yarley comenzó a discipularla regularmente. Cuando llegó el momento de comenzar nuestra primera escuela de discipulado en la isla, Lyssette pidió un período de permiso en su trabajo y se inscribió.

Durante la campaña de la escuela, en la República Dominicana, Lyssette dio su testimonio: «Dios me ha estado hablando de muchas maneras durante esta campaña y escuela de discipulado. Ahora sé lo que quiere que haga. Hay muchas personas que me pueden sustituir en la universidad, pero no *hay nadie que me sustituya en el campo misionero*. Dios me ha llamado a ser misionera. Volveré a Puerto Rico y renunciaré a mi empleo para dedicarme a trabajar con Juventud Con Una Misión a tiempo completo».

Lyssette fue la primera persona que se añadió a Yarley a tiempo completo, las primicias de muchos que le seguirían. Juntas pidieron a Dios que les revelara su estrategia. ¿Cómo podrían formar una base con personal a tiempo completo que amara a Dios con todo su corazón y estuviera dispuesto a pagar cualquier precio para servirle? ¿Cómo podrían desafiarlos a dejar la comodidad para alcanzar a aquellos que nunca habían oído el mensaje?

Y Dios les concedió su estrategia. Empezaron a trabajar con niños, llamándolos King's Kids [Hijos del Rey], aún moldeables y dispuestos a obedecer al Señor, antes que las cosas del mundo les atrajeran demasiado. Los padres estaban deseosos de que sus hijos se unieran a los King's Kids. Ellos también tenían que comprometerse a reforzar los valores que Yarley y Lyssette enseñaban a sus hijos. La preparación de los padres también era indispensable y obligatoria.

A los niños se les enseñaba los mismos cursos que impartimos en las escuelas de discipulado, pero a un nivel más elemental. Aprendían a pasar tiempos a solas con Dios, a interceder por los pueblos no alcanzados del mundo. Se enfatizaba el desarrollo del carácter. Aprendían a decir la verdad a cualquier precio, la importancia del perdón mutuo y muchas otras cosas que los ayudaban a crecer como personas y como hijos de Dios.

Año tras año la instrucción continuó. Aquellos King's Kids crecieron, asistieron a escuelas de discipulado y actualmente forman parte del personal a dedicación exclusiva. Muchos cursaron estudios universitarios y siguieron siendo miembros del personal. Conocen a Dios e invierten su vida en otros niños. Han viajado a China y a otros países, actuando con canciones y danzas. Dios les está usando por todo el mundo.

La gran convicción de los principios de Yarley y su intenso amor a Dios han hecho de ella una destacada mujer piadosa. Su corazón clama a Dios y muestra celo y firmeza por la justicia. Una vez me dijo que incluso siendo niña, en la escuela primaria, se paró encima del pupitre y predicó a sus compañeros de clase. Tal fervor nunca la abandonó.

Pero en Colombia...

De vuelta a Colombia, la guerra de estupefacientes cobraba un gran número de víctimas de ambos bandos. Los monumentos turísticos que antes enseñábamos a los visitantes se convirtieron en ruinas de guerra. Los señores de la droga incluso amenazaron con destruir el imponente edificio que albergaba al Ministerio de Defensa. Lo peor de todo es que casi todas las familias habían sido afectadas por la muerte de un ser querido.

¿Qué debe uno hacer cuando algo así ocurre? ¿Paralizar al país entero e invernar? No, uno vive día a día, tomando todas las precauciones que puede y orando para no ser blanco de la violencia.

Sucedió que los cientos de personas que trabajaban en el Ministerio de Defensa se sentían día tras día incapaces de actuar. Pero un general del ejército, que amaba a Dios, hizo algo. Corrió la palabra de que se convocaban reuniones, los viernes por la tarde, para aquellos que quisieran ayunar y orar por Colombia.

Invitó a Wedge a darles una charla y le explicó la situación inestable. ¿Estábamos dispuestos a asistir? Sí. Las amenazas de bomba eran parte de la vida cotidiana.

Me cité con la peluquera. Una vez lista, el general Z pasó a recogernos en su coche privado. Unos cuarenta oficiales del ejército y destacados funcionarios civiles, hombres y mujeres, se concentraron puntualmente al mediodía, en una de las oficinas.

Adoramos conjuntamente, dirigidos por ciertos músicos visitantes. Entonces Wedge habló brevemente acerca del gobierno de Dios y desafió a todos los presentes a colaborar en la extensión de ese reinado mediante el conocimiento personal del Creador.

Al preguntar si alguien estaba dispuesto a aceptar este reto y reconocer públicamente a Jesús como Señor, más de la mitad alzaron sus manos. Se levantaron para hacer una oración de confesión, muchos con lágrimas en los ojos. Fue una experiencia que nunca olvidaré.

Nos hallábamos en un edificio magnífico, en circunstancias excepcionales, dando un mensaje asombroso, que bien podría ser la última oportunidad para muchos de oír el plan de salvación. Puede que el edificio no estuviera allí al día siguiente. Afortunadamente, mientras vivíamos en Colombia las amenazas de su destrucción nunca llegaron a materializarse.

Escuchar disparos a medianoche o la explosión de una bomba era algo común y corriente. Una de las principales universidades, que vivía en revuelta continua, informó que se habían hallado doscientas bombas en su recinto. Una de nuestras amigas colombianas, que trabajaba con Cruzada Estudiantil, estaba hablando del Señor con unos estudiantes y recibió el impacto de una botella vacía, lanzada por uno que pasó y no le gustó lo que estaba haciendo.

Los estadounidenses no eran bien recibidos en algunos círculos y empezaron a llegar las amenazas. Una noche que teníamos invitados para cenar, el nervioso recepcionista entró bruscamente en el comedor diciendo que acababa de recibir una llamada en la que se nos advertía que los *gringos* debían salir de JuCUM inmediatamente o las instalaciones serían bombardeadas.

Les dijimos a nuestros amigos que nosotros no nos marcharíamos, pero que ellos eran libres de hacerlo. Nos aseguraron que si nosotros no nos marchábamos tampoco lo harían ellos. La bomba nunca estalló, pero la duda anduvo rondando.

Como consecuencia de la violencia, aumentó la intromisión del gobierno. Una tarde, cuando Wedge, Crystal, Brent y yo bajamos del autobús, en Bogotá, después de una vacación en tierra caliente, la policía nos rodeó y nos pidió los pasaportes, los cuales, afortunadamente, siempre llevábamos con nosotros.

Asalto a JuCUM

Otra noche, mientras disfrutábamos de una cena en la casa de una amiga, recibimos una llamada de emergencia desde el Centro de JuCUM. Tomamos un taxi para regresar y encontramos cuarenta policías armados a las órdenes de un alcalde embriagado. Un grupo insubordinado, del prestigioso Club de Comercio, que limitaba con nuestra propiedad por el fondo, había derribado una parte del muro recién construido. La policía cruzó la pared e irrumpió en el local. Algunos retuvieron a los jucumeros en el primer piso a punta de pistola, mientras otros empezaron a registrar la casa, aparentemente en busca de armas o drogas. Yo reuní a las mujeres y los niños en el sitio más seguro que pude encontrar, en el tercer piso, y allí oramos.

En pocos instantes llegó del aeropuerto un miembro del personal tras recoger a un visitante. Cuando entró y se encontró con aquella escena, barrió con los ojos la recepción y gritó:

—¿Por qué están aquí ustedes?

Uno de los policías se dio cuenta de que no éramos lo que ellos creían y respondió:

—Realmente, no lo sabemos.

—Entonces, váyanse —exigió el recién llegado—. En esta casa hay mujeres y niños y alguien puede resultar lastimado.

SALIERON EN FILA.

Al parecer, el problema había surgido con la construcción de un muro de bloques para demarcar nuestra frontera con el club. El muro se hizo necesario porque, unas semanas antes, el club había mandado máquinas excavadoras e intentado trabajar en nuestro terreno. Después de orar con los líderes, sentimos que debíamos definir nuestros límites, los cuales fueron confirmados por un topógrafo y un ingeniero civil. El club quería nuestro terreno para construir más pistas de tenis. Nosotros lo necesitábamos para recreo de los niños y cultivo de hortalizas.

La disputa acarreó una impresionante procesión de abogados, jueces, funcionarios de urbanismo y otras personas de influencia, para defender nuestra posición. Llegaban al centro, paseaban por los alrededores y hacían toda clase de preguntas. Nosotros aprovechamos esas oportunidades para explicarles el objetivo de JuCUM y compartir el Evangelio.

Incluso un abogado comunista que aspiraba a un cargo público, se presentó luego de haber oído hablar del litigio. Declaró que él siempre se solidarizaba con las víctimas y que este era claramente un caso en que los ricos intentaban sacar partido.

Las mujeres del departamento de hospitalidad se pasaron sirviendo café y horneando galletas para servir a los muchos visitantes que recibimos por aquella época.

UNA CENA ESPECIAL

Debido a los muchos amigos nuevos que hicimos en aquellas semanas, quisimos honrarlos con una cena una noche. Yo cociné, con la ayuda del departamento de hospitalidad. La comida y las decoraciones fueron excelentes. Lo más importante es que se entablaron buenas relaciones con los cincuenta invitados que asistieron.

Después de la cena, Wedge expresó nuestra gratitud a todos aquellos que nos apoyaron en medio de la pesadilla que estábamos viviendo. Les dijo quiénes éramos y por qué estábamos en Colombia. Al final del breve mensaje, varios se levantaron para recibir al Señor. Todos querían repetir la cena al mes siguiente. Así que extendimos el ministerio a otros profesionales.

ROSMIRA

En un encuentro concertado por el Señor, un jucumero conversó con una señora sentada a su lado, en el autobús. Era Rosmira, famosa actriz de la televisión colombiana y una de las voces más conocidas de la radio. Luego de aceptar una invitación para asistir a una reunión en el Centro de JuCUM, se entregó al Señor.

Cuando sus amigos y colegas mostraban su curiosidad ante los cambios producidos en su vida, ella compartía audazmente su fe. Su madre, su hija y su hermana también recibieron a Cristo. Y al mes siguiente, en la cena de profesionales, se sentaron a la mesa todo un grupo de actores, actrices y profesionales del mundo de la farándula que habían aceptado la invitación de Rosmira.

Al cabo de un año, renunció a su empleo, se trasladó a JuCUM, cursó una escuela de discipulado y trabajó con nosotros. Después de varios años, el Señor la guió a volver a la industria de la televisión, y siguió viviendo para él.

LAS CENAS CRECIERON

En los meses siguientes, el número de invitados a las cenas fue creciendo de cincuenta a ochenta, luego a ciento veinte, el tope máximo del centro. Entonces se cumplió el vigesimoquinto aniversario de la fundación de JuCUM y lo celebramos con un banquete en el distinguido Hotel Hilton. Asistieron quinientos cuarenta y cinco comensales.

Después de varias actuaciones musicales y un desfile de modas, presentamos los diversos ministerios de Juventud Con Una Misión en Colombia, entre los que se incluían la obra con los niños de la calle y con los pobres, en los suburbios de la ciudad, el centro diurno infantil, la escuela de educación cristiana, el ministerio de audiovisuales, etc.

Cuando Wedge presentó claramente el Evangelio, muchos se levantaron para recibir al Señor. Algunos de ellos hicieron escuelas de discipulado y hoy son misioneros, gracias a aquella noche en el Hilton.

El lema de ese aniversario fue «Apenas comenzando». En lo muy íntimo, sabíamos que era verdad. Tan solo estábamos comenzando. Había una gran tarea por realizar porque muchos no habían oído el Evangelio. Corría el año 1985.

Aquella noche en el Hilton, una hermosa pancarta de satén, colgada de la pared, detrás de la mesa central, lo resumía todo: *A Dios sea la gloria.*

CAPÍTULO 15

AL FILO DE LO IMPOSIBLE

Wedge y yo íbamos en autobús al centro de Santiago cuando el Señor me habló a través de Génesis 29:1, fragmento incluido en mi lectura de aquel día. Era una sencilla declaración acerca de un viaje al Este, pero me llamó la atención porque unos días antes le había preguntado al Señor si debía viajar a Tailandia para asistir a la Conferencia Internacional de Estrategia de JuCUM. Se celebraría en junio de aquel año y se contaría con la asistencia de los líderes, siempre que fuera posible.

Esperábamos confiados la respuesta del Señor. Entonces enderecé mi postura y volví a leer el pasaje. Era su respuesta.

Me incliné hacia el asiento donde viajaba Wedge y le mostré el versículo. Cuando lo leyó, sintió lo mismo que yo.

En efecto, nos aferramos a esa Palabra aun cuando todas las circunstancias que sobrevinieron en aquellos meses indicaran justamente lo contrario.

Llegó el momento de hacer las maletas para partir hacia Tailandia. Acabábamos de regresar a Bogotá. Nos esperaba una carta de Daphne George, nuestra antigua secretaria. Ella había orado y recibido la impresión de que debíamos asistir a la conferencia de Tailandia. Adjuntó cuatrocientos dólares para pagar los pasajes. La carta nos confirmó que debíamos ir.

Con todo, los cuatrocientos dólares no alcanzaban siquiera para volar hasta Los Ángeles. Eric Rittberger, director de JuCUM Argentina, había llegado a Bogotá para viajar con nosotros. Al menos él tenía suficiente dinero para viajar hasta los Estados Unidos.

La tarde previa a nuestra partida reflexioné sobre lo que había ido mal aquel día. Visité la Cruz Roja para vacunarme contra ciertas enfermedades antes de emprender un viaje de esas características y, en el autobús, me sustrajeron del bolso el pasaporte y la tarjeta de vacunaciones. Cuando llamé a la embajada de los Estados Unidos para explicarles mi situación, prometieron no cerrar las instalaciones hasta que llegáramos allí. Me esperaron hasta que me tomé las fotos un par de cuadras más abajo, y se quedaron el tiempo necesario hasta entregarme el nuevo pasaporte. Les agradecimos en el alma su amabilidad.

Me puse de acuerdo con el Ministerio de Salud para recoger una nueva tarjeta de vacunaciones en el aeropuerto, a la mañana siguiente.

Medité también en lo lejos que está Tailandia de Sudamérica. Realmente es uno de los últimos lugares del mundo que a uno se le puede ocurrir viajar desde este continente. Y si te sentías feliz donde estabas, haciendo lo que te gustaba, no escogerías partir para Tailandia, especialmente, cuando las cosas te van mal.

Habíamos recibido, sin embargo, una palabra del Señor para ir, aun cuando no tuviéramos fondos, ni incluso deseos de emprender el viaje.

ORAMOS DE NUEVO

Aquella noche Eric, Wedge y yo nos reunimos con varios líderes en la oficina de Wedge para asegurarnos que realmente sabíamos lo que Dios quería. Después de orar, uno tras otro nos confirmó que debíamos proseguir el viaje. Terminamos como a las ocho de la noche. Debíamos salir al aeropuerto a las 4:30 de la madrugada.

Con esta confirmación, me dirigí a mi habitación para terminar de preparar el equipaje. Llamaron a la puerta. Era una pareja jucumera, recién casada, que nos llevaba un cheque de mil dólares. Aquella misma tarde, ellos oraban en su habitación mientras nosotros nos reuníamos con los líderes. Nos dijeron que Dios les había puesto en su corazón entregarnos ese dinero. Nos asombramos. Pese a nuestra experiencia en estos asuntos, seguía siendo muy hermoso cómo las personas pueden estar tan atentas, tan obedientes a la voz de Dios.

Ya disponíamos de mil cuatrocientos dólares, que nos transportarían hasta Los Ángeles. Los tres partimos para cubrir la primera etapa del viaje. Dependeríamos del Señor por el resto.

En Los Ángeles, nos alojamos en el Centro de JuCUM por cuatro días, esperando que el Señor nos indicara qué teníamos que hacer. Hicimos nuestra parte, visitamos agencias de viaje y volvimos al aeropuerto para hablar con los representantes de muchas líneas aéreas y hacerles dos preguntas: ¿Qué vuelos había a Tailandia? Y ¿cuánto costaban? La espera de aquellos días fue una de las cosas más difíciles de mi vida. Fue un poco embarazoso. La gente sabía que íbamos de camino a Tailandia y se preguntaban por qué no nos marchábamos, dado que la conferencia ya había comenzado.

Por fin, Eric supuso que probablemente se había equivocado y decidió visitar a sus padres en Ohio. Podría llegar a tiempo para reunirse con sus compañeros de clase si salía de inmediato. Fuimos a cenar a un restaurante mexicano y después enfilamos hacia el aeropuerto para dejar a Eric en el avión que salía para Ohio.

De repente, en una calle muy concurrida, Wedge exclamó: «Eric, no podemos dejarte marchar sin que el Señor nos lo confirme una vez más». Detuvo el automóvil a un lado de la calle. «Preguntemos al Señor aquí mismo».

Ninguno se sintió muy seguro de nada en aquel momento. Estábamos a punto de llegar a la conclusión de que quizás el Señor nos quería en Los Ángeles por algún motivo. No teníamos dinero para ir a ninguna parte.

Nos quedamos en el auto tratando de escuchar la voz de Dios, pero el zumbido de la calle nos distraía tanto que un par de minutos después Wedge interrumpió: «No puedo escuchar nada aquí; regresemos a JuCUM, busquemos un sitio tranquilo y veamos si el Señor tiene algo que decirnos.

Los minutos pasaban. Los aviones normalmente no esperan a que los pasajeros oren si deben o no tomar los vuelos.

Me dije a mí misma: «Si no nos damos prisa, Eric perderá el avión». En resumen, sentí mucha presión.

Un mensaje de Loren

De vuelta al Centro de JuCUM, los tres nos sentamos alrededor de la mesa de la cocina, Biblias en mano, listos para recibir una palabra del Señor. En ese instante llegó un automóvil. Chirriaron los frenos. Oímos un portazo y las pisadas de alguien que corría. Miramos expectantes al mensajero sin aliento, que traía noticias de Loren Cunningham, fundador de JuCUM, que acababa de llamar desde Tailandia. El mensaje que nos dio es que fuéramos los tres a la conferencia por cualquier medio posible. Una vez allí todos nos ayudarían a costear los pasajes.

Parecía bastante fácil, pero teníamos que LLEGAR a Tailandia antes de que nos pudieran entregar una ofrenda. ¡La vida parece a veces *taaan* complicada...! Dios no había terminado la lección que nos quería enseñar.

Hicimos algunas llamadas y descubrimos que Pan Am volaba a la mañana siguiente. Rob, nuestro hijo, que vivía en Los Ángeles, nos ofreció su tarjeta de crédito que, según nos dijeron, sería aceptada por Pan Am. El problema se había solucionado. Eso pensábamos.

Llegamos al aeropuerto internacional de Los Ángeles por la mañana temprano. Eric y Wedge me dejaron en un una banca del vestíbulo, con todo el equipaje, mientras ellos se acercaron al mostrador a comprar los boletos con la tarjeta de crédito de Rob. Para su sorpresa, la compañía rechazó cargar la cantidad total a la tarjeta de crédito.

«Ay, ¡estamos en las mismas!», creímos. El siguiente paso sería visitar otras compañías aéreas. En todas ellas nos dieron la misma respuesta. Mi banca era dura y sin respaldo. Cada minuto que pasaba se volvía más incómodo. Pregunté al Señor qué me quería decir con todo aquello. ¿Qué nos sucedería? ¿Viajaríamos aquel día?

Fuera o no audible, no lo sé, pero escuché la voz del Señor que me decía: «Viajarán esta noche».

No fue mucho, pero bastaba saber que él estaba allí conmigo. No nos había abandonado. Él lo arreglaría. La experiencia fue tan real que escribí en mi diario: «Viajarán esta noche».

FUE UN DÍA MUY LAAAARGO

Llegó la hora del almuerzo y aún permanecía sentada en aquel banco duro y sin respaldo, rodeada de maletas. Wedge y Eric se fueron andando a buscar un agente de viajes que les recomendaron, a tres kilómetros del aeropuerto. La tarde llegó y se consumió. Solo hubo una aparición de Eric para ponerme al corriente. Dijo: «No hemos encontrado nada todavía, pero Wedge está testificando a algunas personas». *Típico*, pensé.

La hora de la cena me halló sentada en el mismo sitio. Finalmente, alrededor de las nueve de la noche, aparecieron con los nuevos amigos a quienes habían testificado. Uno de ellos abrió su mochila y me ofreció una banana y un sándwich, que parecía llevar encerrado un par de días. Opté por la banana.

Se fueron al mostrador de las líneas aéreas Braniff. No había fila. El empleado quería charlar. Yo les veía mientras conversaban. Wedge y Eric procuraron mantenerme al tanto de la negociación.

Sí, había un vuelo a Bangkok aquella noche a las once. *¿Qué son un par de horas más?*, me dije, levantándome y dando por enésima vez otra vuelta al equipaje.

Sí, había asientos disponibles, pero él no podía aceptar la tarjeta de crédito como pago único. Y no, no aceptaban cheques en el aeropuerto. *¿Y en vuelos internacionales? ¡Jamás!*

El vendedor de boletos preguntó por qué íbamos precisamente a Tailandia. *Yo me había hecho la misma pregunta.* ¿Misioneros? ¿Conferencia? Cuéntenme más. Muy interesante.

Treinta minutos después teníamos los pasajes. El agente decidió correr el riesgo por nosotros: cargó el tope máximo a la tarjeta de Rob y aceptó un cheque personal por la diferencia. Después de un retraso de dos horas, *al fin* despegamos.

Me sentí más cansada que nunca en toda mi vida. Tan pronto como hubo terminado la cena, hallé cuatro asientos vacíos y estiré mis cansados huesos. Eric extendió su saco de dormir a la puerta del avión y se quedó dormido en pocos segundos. Wedge durmió sentado lo mejor que pudo hasta que desperté y cambiamos de asiento.

Aquel día vivimos mil años.

¿HACIA CHIANG MAI?

Después de hacer transbordo en Guam y Hong Kong, llegamos a Bangkok para tomar otro avión hasta Chiang Mai, nuestro destino, cerca de la frontera con China. El auxiliar de cabina nos informó que el próximo avión para Chiang Mai saldría en quince minutos.

Nos apresuramos a salir del avión, corrimos hacia inmigración, donde nos sellaron los pasaportes, recogimos nuestro equipaje y pasamos la aduana. Teníamos que abordar aquel avión.

Eran las 2:15 de la tarde. Habíamos viajado casi treinta horas desde Los Ángeles y estábamos exhaustos, tanto física como emocionalmente. Aún teníamos que comprar los pasajes para Chiang Mai. El empleado de Braniff en Los Ángeles no nos los pudo vender porque Chiang Mai no figuraba en sus libros, aunque nos aseguró que el precio de los tres boletos, desde Bangkok, probablemente no superaría los noventa dólares. Teníamos esa cantidad. Hurra. Se acabaron los problemas.

—Son ciento cuarenta y siete dólares —cantó la mujer tras la ventanilla. Nos quedamos boquiabiertos. Era hora de aprender otra lección en la escuela de la fe divina… justo cuando teníamos tanta prisa…

—¿Cómo puede ser? —dijimos—. El agente de Los Ángeles nos dijo…

La señora no se inmutó al contarle lo que habíamos oído en Los Ángeles.

—Lo lamento. El viaje cuesta ciento cuarenta y siete dólares.

—Rápidamente, mi amor, mira en tu cartera —ordenó Wedge—. Debes tener más dinero oculto en algún sitio. Eric, revisa tus bolsillos.

Empecé a sacar desordenadamente cosas de mi cartera. Ciertamente el Señor no nos había llevado tan lejos para burlarse de nosotros. Seguramente, encontraríamos una sorpresa en el bolso. Estaba segura de ello.

Contemplé el reverso de los bolsillos de Eric, sin un centavo, lo mismo que mi bolso. Nos miramos unos a otros ceñudamente, sacudiendo la cabeza con incredulidad. ¿Cómo nos podía pasar esto?

No obstante, los tres confiábamos en que Dios haría *algo*. Solo que no fuimos capaces de adivinarlo, aunque lo intentamos. Estábamos contra el reloj. El último vuelo del día calentaba motores.

Y entonces sucedió. Un joven con una gran sonrisa y sin tener noción de nuestro apuro se acercó a Wedge. «Lo conozco. Usted es Leland Paris», dijo.

Wedge no sabía qué decir, pero estaba dispuesto a ser quien hiciera falta en ese momento. Cuando abrió su boca para responder, el joven continuó: «Oh no, es Wedge Alman. Enseñó en mi escuela de evangelización, en Hawai, el año pasado. ¿Se acuerda de mí? Soy John.

Ahora le tocaba sonreír a Wedge. Se aporrearon las espaldas como dos amigos que no se han visto por largo tiempo. Luego dijo: «Quiero comprarles los pasajes».

Corrió al mostrador y encargó «tres boletos a Chiang Mai». Los pasajeros ya habían embarcado.

Corriendo hacia el avión, le pregunté con voz entrecortada:

—¿Es usted realmente John o un ángel? —le apreté el brazo para cerciorarme que era de carne y hueso.

Él iba a la misma conferencia que nosotros. ¿Por qué viajaba dos días más tarde si vivía en Bangkok? ¿Por qué no había embarcado con los pasajeros de la conferencia?

Su única respuesta fue:

—Supongo que les estaba esperando.

De nuevo el Señor nos mostraba que él quiere usar personas para suplir las necesidades de los misioneros. E incluso usa misioneros para suplir las necesidades de otros misioneros.

POR FIN EN LA CONFERENCIA

Se recogió la ofrenda prometida, más de lo suficiente para cubrir nuestros gastos. En efecto, cuando otro misionero llegó sin dinero, pudimos darle cien dólares. De regreso a Los Ángeles devolvimos a Rob hasta el último centavo que cargamos a su tarjeta de crédito.

A Rob le encantaba escuchar a papá y mamá contar historias acerca de cómo Dios nos cuida, como aquella ocasión en que no había asientos disponibles y le pedimos que, a pesar de todo, nos acercara al aeropuerto de Los Ángeles. No solo conseguimos los asientos necesarios para llegar a tiempo a un compromiso, sino que la azafata nos apartó a un lado, en el momento de embarcar, para preguntarnos si nos gustaría volar en primera clase.

¿Qué si nos gustaba?

Rob se rió de buena gana cuando volvimos la cara y le hicimos un guiño.

¿CÓMO DESCUBRIRLO...?

¿Cómo sabríamos que Dios puede proveer comida si nunca se nos acababa? ¿Cómo saber que puede proveer dinero para viajar si siempre tenemos lo suficiente? ¿Descubrir que puede hacer milagros si no necesitamos ninguno?

Hubo veces que no sabíamos qué hacer, pero confiamos en que el Señor nos ayudaría si lo obedecíamos. El cómo, cuándo y cuánto, realmente no es cosa nuestra.

Anhelábamos conocerlo. Sabíamos que si podíamos contar con su fidelidad y demostrarla, los jóvenes misioneros hispanoamericanos podrían hacer exactamente lo mismo. *Pero no tendríamos autoridad hasta que nosotros lo hubiéramos vivido.*

Al mirar atrás, recordamos aquellos tiempos entrañables. Meditar en ellos nos proporciona valentía para lanzarnos de nuevo, con la palabra del Señor.

El viaje a Tailandia nos demostró que, ya estemos en nuestro propio país o al otro extremo del mundo, donde no conocemos a nadie, Dios provee.

Él es todopoderoso y su Amor es infinito. ¡Qué maravilloso patrón es él! ¿Volver a la investigación de mísiles teledirigidos? *Jamás.*

CAPÍTULO 16

UN PUENTE A ASIA

En diciembre de 1986, Wedge y yo asistimos a la conferencia de estrategia internacional de JuCUM en Kona, Hawai. Estando allí, tuve un problema de corazón que acabó con una angioplastia. Después de aquella crisis, Jack Brock, el amigo que pastoreaba la Iglesia Comunidad de Cristo, en Alamogordo, nos invitó a vivir allí, como huéspedes de la iglesia, hasta que yo pudiera regresar a Sudamérica. Esta iglesia nos había ayudado por casi veinte años y nos brindó su apoyo durante ese difícil período. También proveerían una casa para Shelley Leveridge, nuestra amiga y secretaria, que había servido con nosotros en muchos países por varios años. Ella viviría frente a nosotros.

Mediante la intervención de una persona que apenas conocíamos, la factura del hospital quedaría reducida a la mitad, unos seis mil dólares, con tal que la pagáramos en una semana. Parecía imposible.

Nosotros hicimos lo posible. Vendimos los dos Krugerrands (moneda de oro sudafricana, que se suele comprar como inversión) que unos amigos nos habían regalado cuando ministramos en Sudáfrica. Nos dijeron que los guardáramos para una situación de emergencia. Los usamos en esta ocasión. Recibimos casi mil dólares por ellos.

JuCUM Hawai nos sorprendió con una gran ofrenda, y Jack Brock animó a su iglesia: «Si JuCUM puede hacer lo que ha hecho por Wedge y Shirley, nosotros también podemos». La ofrenda incluía un cheque bancario y una nota que decía: «Escriban este cheque por la cantidad equivalente a la deuda del hospital de Shirley». El resto de la deuda se saldó en su totalidad en solo una semana. ¡Nos sentimos muy agradecidos!

En Alamogordo descansé de mi ritmo de vida normal. Como soy una persona de mucha energía, siempre tuve bastante trabajo para mantener a dos secretarias ocupadas. Incluso durante mi recuperación, el trabajo no se agotó. Shelley y yo instalamos la oficina en Alamogordo, mientras Wedge continuó viajando.

ANTIGUA CEREMONIA INCA

En 1988, Wedge se unió a unos cuatrocientos jucumeros y a cristianos procedentes de todo el mundo para acudir al festival *Inti-Raymi,* dedicado al astro sol. Se celebró en un anfiteatro natural, en Sacsayhuamán, a unos cuatro mil metros sobre el nivel del mar. Cada mes de junio, se reunían unas sesenta mil personas para reeditar una antigua ceremonia inca. Consistía en el sacrificio de una alpaca, animal semejante a la llama, a la que se le extraía el corazón. Mientras todavía palpitaba era ofrecido al dios sol.

Si el sol brillaba, era indicio de que el sacrificio era aceptado y el año siguiente sería próspero y de buenas cosechas. Si una nube cubría el sol, lo cual era bastante improbable por esa época del año, significaba que el sol había rechazado su sacrificio y habría malas cosechas, derrota en la guerra, enfermedades y desastres. Casi novecientos cincuenta actores participaron en esa producción. En los últimos años, simpatizantes de la Nueva Era acudían al acontecimiento como espectadores creyendo, al parecer, que el ecuador magnético de la tierra atraviesa la zona y provoca las vibraciones más fuertes sobre el planeta.

Nuestros jóvenes anduvieron por las calles desde primera hora hasta muy tarde, hablando acerca del Señor con gente de todo el continente. Los King's Kids de JuCUM, grupo internacional de niños y adolescentes, ofrecieron danzas y dramatizaciones al público. JuCUM y otros grupos cristianos bombardearon la zona con literatura bíblica y evangelización personal. Pocos, si es que hubo alguno, pudieron escapar al propósito de los cristianos de compartir su fe. Las iglesias locales apoyaron este esfuerzo; de hecho, lo estimularon tremendamente.

A las 4:30 de la madrugada del día previo al festival, enviamos por autobús a cientos de jucumeros desde Cuzco hasta Saxsayhuamán donde celebraban los sacrificios al sol para hacer guerra espiritual hasta el amanecer. Al día siguiente a la misma hora los King's Kids hicieron lo mismo. Adoraron y alabaron al Señor, oraron contra las fortalezas espirituales de maldad e hicieron retroceder a las fuerzas demoníacas de idolatría que el enemigo había mantenido en aquel lugar por siglos.

Al día siguiente, los jucumeros estuvieron presentes en la ceremonia y siguieron orando sentados. Cuando llegó la hora del ofrecimiento del corazón de la alpaca al dios sol, una gran nube ocultó el astro y el cielo se nubló. Uli Kortsch, director de JuCUM Canadá, se inclinó hacia Wedge y le dijo: «Creo que hemos vencido».

No cupo duda.

Muchos cristianos sintieron que, por primera vez, la iglesia había ejercido una fuerza visible en la comunidad. En consecuencia, muchos fueron guiados a Cristo. La asistencia de la iglesia creció de manera significativa como resultado concreto de la guerra espiritual. También se registró en la zona, por aquella época, un descenso del tráfico de drogas y de la delincuencia relacionada con el mismo.

Aunque esta reedición moderna del período inca se había celebrado sin interrupción por cuarenta y cuatro años, siempre en el mes de junio, en la celebración siguiente a la intervención de los cristianos, el *Inti-Raymi* fue suspendido por primera vez en su historia. El segundo año después de la campaña, se intentó recuperar la celebración, pero llovió sin parar.

RUMBO A MANILA

Cuando Wedge volvió de Perú, yo ya me sentía fuerte para viajar e hicimos las maletas para tomar rumbo a Asia. La primera escala sería Manila para asistir a la Conferencia Internacional de JuCUM. Después, enseñaríamos en varios países de ese continente.

La última maleta se resistió a ser cerrada. (Aunque he viajado mucho, aún no he aprendido a preparar bien el equipaje.) ¿Boletos? ¿Pasaportes? Suspiramos con alivio y nos dejamos caer en los sillones de la sala. Unos amigos de la iglesia llegarían en pocos minutos para conducirnos al aeropuerto de El Paso, a ciento cincuenta kilómetros de distancia. Miré a Wedge. Como acababa de llegar de Cuzco no habíamos tenido oportunidad de hablar de cosas terrenales, así que le pregunté:

—¿Cariño, tienes algo de dinero?

—No, ¿y tú?

—Siete dólares.

—Estás bromeando.

Yo no podía hablar más en serio. Nos miramos el uno al otro y explotamos de risa.

—¡Otra vez! —puntualicé. Recordé nuestras anteriores experiencias y sonreí. Una vez más nos hallábamos en idéntica situación, dispuestos a enseñar en ocho países asiáticos. Planeábamos quedarnos un trimestre en Kona, Hawai, en la Universidad de las Naciones, para cursar la Escuela de Preparación de Líderes. Estaríamos ausentes por unos diez meses.

¡Embarqué en el avión de El Paso con siete dólares y llegué a Manila con ochenta y siete! Durante el vuelo, Shelley me dijo: «Shirley, te tengo que pagar la compra de ochenta dólares que cargué a tu tarjeta de crédito». No hice objeción.

Habíamos enviado las cuotas de la conferencia con varios meses de antelación pero, según sus datos, aún debíamos cincuenta dólares. Tuvimos que hacer una larga fila para pagar. Un amigo nos vio y nos dijo: «¡Hola! Les he estado buscando por todas partes. Esto es una pequeña ofrenda para ustedes». Era de cincuenta dólares. Otra persona nos dio veinticinco dólares unos días después, suficiente para acabar de pagar el hotel y el transporte. Hasta aquí todo bien.

Camino a China

Proseguimos el viaje a Hong Kong y China. Varios donativos recibidos cubrieron básicamente nuestras necesidades. En el Centro de JuCUM en Hong Kong, empaquetamos Biblias de regalo y las metimos en las maletas. Oramos por oportunidades para distribuirlas en China. Wedge, Shelley, la intérprete y yo, navegamos río arriba. Desembarcamos y esperamos nuestro turno para pasar por inmigración. Ya estábamos en China.

En la aduana se nos entregó un formulario con la pregunta que más temíamos: «¿Introduce material impreso en el país?» *Efectivamente, sí.* Si respondíamos que *sí*, nos meteríamos en un buen lío. Si respondíamos que *no*, mentiríamos. ¿Cuántas veces habíamos enseñado a nuestros alumnos a ser completamente honestos? ¿Habría alguna excepción?

Wedge susurró:

—¿Cómo responderemos a esto?

Pensé un momento y le dije:

—Déjalo en blanco.

Así lo hicimos. El funcionario apenas prestó atención a los cuestionarios, los estampó con varios sellos de goma y nos dio la bienvenida al país. Dimos gracias a Dios por su fidelidad.

Estábamos acostumbrados a los países libres en que se puede predicar y ministrar de muchas formas. De pronto nos hallábamos en un país comunista y ateo donde imperaba lo contrario. ¿Cómo podríamos compartir nuestra fe? ¿Por qué nos había llevado Dios allí? Pasamos las mañanas en intercesión, buscando dirección para cada día. Una mañana sentimos que debíamos alquilar una furgoneta y visitar un parque en el que abundaban los turistas.

Al bajarnos de la furgoneta, una pareja de buen aspecto, de unos treinta años, se acercó a nosotros y nos preguntaron si hablábamos inglés. Esa fue nuestra señal. Se pegaron a nosotros el resto del día. Supimos que eran profesores de la Universidad de Shanghai. Les preguntamos acerca de su familia, cuánto tiempo habían estado casados y si se casaron por la iglesia. Se echaron a reír y nos contaron que no había iglesias en China y que Mao Tse Tung les había enseñado que Dios no existía.

—Yo creo en Dios —confesé.

—¿Sí? —me miraron con incredulidad. Por dos horas tuvimos una magnífica oportunidad de hablarles de Dios, nuestro Creador. Les dijimos que era una persona, que los amaba y que podían disfrutar de una relación con él. Escucharon de buena gana.

Nos apegamos tanto a ellos que, a última hora de la tarde, nos resultó difícil separarnos. Antes de partir, Wedge los agarró del brazo y les dijo:

—¿Puedo orar y pedir a Dios que, si realmente existe, se deje sentir por ustedes ahora mismo? ¿Está bien?

—Sí, sí —los dos asintieron. Wedge oró.

A pesar de que la gente pasaba a nuestro lado, parecía que estábamos en la misma presencia de Dios. Cuando Wedge terminó de orar ninguno podía moverse. Por último, les entregamos una de nuestras Biblias de regalo.

Sus últimas palabras antes de marcharse fueron: —Tal vez un día seamos cristianos gracias a su influencia.

Nos secamos las lágrimas y agitamos los brazos en señal de despedida.

Más adelante recibimos noticias de ellos, con unos abanicos de sándalo. En la carta nos decían que la Biblia que les dimos era el mejor libro que jamás habían leído. Les respondimos y mantuvimos correspondencia. Después de algunos meses nos escribieron diciendo que habían encontrado una iglesia, luego que estaban haciendo un curso bíblico y, por fin, lo que tanto deseábamos oír: ambos se convirtieron a Cristo. Sentimos una emoción indescriptible.

RUMBO A OTROS PAÍSES

En Madrás, Bombay y Calcuta, ciudades de la India, y en Katmandú, Nepal, ministramos en escuelas de discipulado, en un seminario para pastores y en iglesias locales, explorando posibilidades para hispanoamericanos en Asia.

Continuamos viajando, enseñando en las escuelas de discipulado de Bangkok, Manila y Seúl. Al llegar a Corea del Sur, el Señor pareció decirnos: «Han superado la prueba. Quiero abrir las ventanas del cielo y derramar bendiciones sobre ustedes». A todas partes donde íbamos éramos bendecidos con ofrendas. Un hombre de negocios nos invitó a comer y nos dio una suma equivalente a cuatrocientos dólares. Los coreanos nos aplastaron con su generosidad.

Las bendiciones no solo eran materiales. También tuvimos el privilegio de enseñar en una escuela de discipulado de nueve meses para hombres y mujeres de negocios. Por la mañana temprano, se reunían para adorar y desayunar juntos antes de dirigirse hacia sus respectivos trabajos por la ciudad. Por la tarde volvían, dejaban los zapatos a la puerta, cenaban y recibían clases. Se sentaban con las piernas cruzadas sobre cojines en suelos con calefacción, con cuadernos y Biblias abiertas, y bebían cada palabra traducida que oían. Gente muy especial. ¡Cómo los amábamos!

Wedge tuvo ocasión de dirigirse a un grupo de quinientos estudiantes de secundaria y a otro de quinientos universitarios. Después les pidió que dejaran su confortable país y osaran ir por todo el mundo a predicar. Más de la mitad pasó al frente aceptando el reto. En otra ocasión, hablamos con un grupo de profesionales que se reunió en un auditorio céntrico.

Nos alojamos en casas de amigos y en hoteles, conocimos de primera mano su cálida, amable y generosa hospitalidad. Sung Gun Hong, director de JuCUM en Corea del Sur, era un magnífico anfitrión y nos ofreció muchas oportunidades de ministrar.

Enseñamos en las escuelas de discipulado de Japón y Maui, Hawai, a donde viajaron mi madre y mi hermano Jon, para pasar la Navidad con nosotros. Nuestro siguiente paso sería una escuela de formación de líderes de la Universidad de las Naciones, en Kona.

UN NUEVO RETO

En enero de 1989, fui a visitar al cardiólogo en Honolulú que me hizo la angioplastia en 1986, para hacerme un examen. Me informó que otra arteria estaba obstruida. Necesitaba someterme a otra angioplastia. Quedé asolada.

Un amigo me habló de un doctor cerca de Kona, Hawai, no lejos de la Universidad de las Naciones, que hacía terapia de «chelación». Yo me había sometido a este tratamiento en Alamogordo, después de practicarme la angioplastia, y me alegraba de poder recibir de nuevo esta clase de ayuda. Esta terapia consiste en un tratamiento intravenoso de cuatro horas, administrado en el consultorio del médico. La recibía dos veces por semana. Es un método natural, no agresivo, de limpieza de las arterias.

Después de seis semanas de tratamiento, volví a visitar al cardiólogo. Me hizo varias pruebas, incluida una rutinaria de estrés, con talio. Él sabía que me había sometido a la terapia de chelación. Cuando obtuvo los resultados, me dijo: «Shirley, ya no me necesitas. Estás bien. Lo que esté haciendo, continúe haciéndolo».

Luego dio un golpecito con el codo a Wedge y le dijo: «¿Supongo que has estado orando?» Wedge se lo devolvió, asintiendo.

MÁS PROVISIÓN

Teníamos suficiente dinero para cubrir los gastos de Wedge de la escuela de líderes, pero mis gastos en médicos nos volvían a meter en un nuevo apuro económico. Así que pensé hacer el curso como oyente. Necesitábamos una enorme provisión de Dios para los meses siguientes. Oramos.

Entonces, un día, Ed Baster, viejo amigo e industrial de Chicago, nos llamó para preguntarnos si teníamos alguna necesidad. Él es un hombre dirigido por Dios que nos llama periódicamente para hacernos esa pregunta. Resulta que envió suficiente dinero para pagar las tasas trimestrales del curso y para cubrir el tratamiento médico que yo seguía. Una vez más, la abundancia de Dios nos asombró. Pudimos, incluso, comprar un viejo Ford LTD por trescientos veinticinco dólares, para recorrer dos veces por semana los treinta kilómetros de distancia que nos separaban del médico. Tres meses después, cuando partimos de Hawai, lo vendimos por la misma cantidad.

ALGUNOS MESES EN LOS EE.UU.

Después de dejar atrás Hawai, cruzamos los EE.UU., enseñando y predicando por tres meses, antes de regresar a Sudamérica. En California, pasamos tiempo con los nuestros y sus familias. Dado que vivíamos en Sudamérica, apreciábamos mucho cualquier oportunidad de estar con ellos.

Un día, Shelley y yo llevamos a mis nietos Travis y Shane, hijos de Rob y Marlene, de ocho y diez años, a Disneylandia. Fue una mañana estupenda. Nos desplazamos por las autopistas de Los Ángeles, pero yo adoraba al Señor en voz alta mientras conducía. Es un hábito que tengo, ya sea que conduzca, camine o trote, pero esto preocupaba a mis pequeños pasajeros, atados en el asiento trasero.

Después de algunos instantes de quietud, Travis se atrevió a decir: «Abuela, ¿tienes los ojos cerrados?» No se le había ocurrido que se puede hablar con Dios con los ojos abiertos.

UN PUENTE A ASIA

Habíamos viajado durante siete meses por Filipinas, Hong Kong, China, India, Tailandia, Nepal, Corea y Japón, pasado tres meses en Hawai y otros tres en EE.UU, sobre tierra continental.

Uno de los principios que había observado a lo largo de los años era no enviar a nuestros jóvenes hispanos a zonas en que nosotros no hubiésemos estado. Ya habíamos tendido un puente para que llegaran a Asia. En todos los países habíamos hablado con los líderes acerca de enviar misioneros hispanoamericanos y recibido respuestas entusiastas. Los hispanos se adaptarían fácilmente a la cultura y economía asiáticas; el color de su piel les proporcionaba una gran ventaja. Nosotros, con nuestra piel blanca, siempre destacábamos entre la gente. Wedge lo resumió: «Parecemos leche andante».

El puente a los países del mundo musulmán, hindú y budista se había tendido. Los hispanos comenzaron a cruzarlo. Una pareja colombiana fue a China y el Tibet, y una venezolana fue a Taiwán. Otros latinoamericanos fueron a la India, Pakistán, Afganistán, Azerbaiyán y otros países de la Ventana 10/40. Hoy, al menos dos mil misioneros hispanoamericanos de JuCUM sirven a Dios en todos los continentes, y cada día, más se preparan y son enviados.

Ya estábamos, por fin, listos para regresar a Sudamérica, esta vez a Buenos Aires, para impartir la primera escuela de misiones del continente.

CAPÍTULO 17

UNA DÉCADA DE DESAFÍOS

Volvimos a Argentina el 1 de julio de 1989. Eric Rittberger intentó buscarnos alojamiento antes de que llegáramos, pero no pudo encontrar nada. Él y su encantadora esposa, Esther, nos recibieron. ¡Vaya!, ¿Es posible que la historia se repita? Yo creí cantar el segundo verso de la misma canción que entonamos once años antes, cuando nos alojamos con la familia Rodríguez.

Por tres semanas nos quedamos con los Rittberger, en Castelar, como a una hora de Buenos Aires. Allí fue donde impartimos nuestra primera escuela de misiones, dirigida por Alejandro Rodríguez y su esposa Marta.

No había sitio para alquilar. Nos avergonzaba ir todos los días a la agencia inmobiliaria a preguntar si había algo disponible. Caminamos arriba y abajo todas las calles de Castelar, en la zona donde estaba situado el Centro de JuCUM, esperando encontrar un cartel de alquiler, o una casa vacía.

Finalmente, un agente nos puso en contacto con un caballero que quería vender su casa, pero aceptó alquilárnosla. Incluía el servicio de una ayudante que deseaba quedarse a trabajar.

Le tomamos cariño a Blanca, fue una gran bendición para nosotros. Era mucho más que una ama de llaves: planeaba las comidas, nos ayudaba a entretener a los invitados, pagaba las facturas y, en resumidas cuentas, gobernaba la casa. Era una persona divertida, atractiva y deliciosa, que llegó a ser una amiga muy querida.

Después de haber trabajado para nosotros por unas cuantas semanas, Wedge se sentó con ella a la mesa de la cocina y le preguntó: «Blanca, ¿Te ha dicho alguien alguna vez cómo ser cristiana?»

Ella estaba esperando que le hicieran esta pregunta. Había observado nuestras vidas cotidianas, escuchado nuestras conversaciones, oído orar y quería conocer al Señor personalmente. Wedge le presentó el plan de salvación. Lloró al entregar su vida al Señor. Después, dio testimonio de él por todas partes.

HEPATITIS

Poco después de instalarnos, me enfermé con hepatitis, lo que requería un reposo absoluto en cama. Durante aquel tiempo, Wedge tuvo que viajar a los EE.UU. a resolver ciertos asuntos, y manteníamos contacto por correo electrónico. Cuando el doctor se enteró de que me sentaba al borde de la cama, delante de la computadora, me lo prohibió, alegando que ello me exigía mucho movimiento. En aquel tiempo, Blanca me cuidó mucho. Después de cuatro meses pude levantarme, pero necesité varias semanas para recuperar mis fuerzas.

UNA ALUMNO EXTRAORDINARIO

Varios grupos de JuCUM Argentina salieron por todo el país y hallaron cristianos «maduros» para recibir el mensaje de las misiones. Durante ese tiempo, Shelley comenzó a trabajar con Alejandro Rodríguez, director del Centro de JuCUM en Buenos Aires. Ella nos acompañó seis años y estaba lista para el inicio de una nueva labor que hiciera florecer su capacidad de liderazgo. No mucho después, pasó a ser directora de la Escuela de Misiones.

Un día de 1991, recibimos una llamada de un misionero en Perú que nos advertía de la llegada de un alumno que se presentaría cualquier día en nuestra base de Castelar. Lo poco que nos dijo por teléfono era suficiente para ponernos en guardia y despertar nuestra curiosidad. Jorge Ríos había comandado doscientos ochenta hombres de *Sendero Luminoso*, grupo guerrillero peruano, famoso por su extrema violencia y técnicas de tortura. Éramos conscientes que no era raro que este grupo abordara una iglesia llena de gente y la incendiara o arrojara una granada dentro.

Así que, cuando llegó Jorge a nuestro Centro de Argentina, le dimos la bienvenida, pero con inquietud y cautela. Nadie conocía realmente su historia. Acordamos permitirle que viviera en la base por un año para que se acostumbrara a la vida cristiana y conociera lo que era la vida misionera. Luego, si todo iba bien, lo aceptaríamos como alumno. Mientras tanto, realizaría labores normales en la base.

Poco a poco su historia fue aflorando. Él asesinó a mucha gente, incluidas personas que trabajaban en la obra del Señor. En un combate cayó gravemente herido, y lo llevaron a un pueblo para curarlo. Allí conoció a un pastor ciego que le predicó. Jorge defendió sus ideales marxistas y rechazó el evangelio. Ese pastor le dijo: «Cuando estés en los momentos más difíciles de tu vida, clama a Dios y él te oirá». Jorge se sanó y se incorporó a la revolución de nuevo. A los pocos días fue apresado y sentenciado a muerte. Mientras esperaba su ejecución reflexionó todo lo malo que fue su vida y luego recordó las palabras del pastor. Clamó al Señor y le pidió ayuda, prometiendo seguirlo con todo el corazón.

Inmediatamente las esposas se le abrieron, las vendas se le cayeron, y milagrosamente el ejército lo dejó en libertad. Buscó luego al pastor ciego y le dijo que quería ser salvo. El comunismo ya no lo satisfacía. Necesitaba a Dios.

El pastor lo guió al Señor. Luego defendió el caso de Jorge ante las autoridades. Las acusaciones le fueron retiradas y sus antecedentes destruidos. El misionero, que conocía la obra de Dios en su vida y también a JuCUM, nos llamó para solicitar que lo aceptáramos en nuestra base.

Cuando la escuela de discipulado comenzó, ya se había familiarizado con el estilo de vida de nuestra comunidad, cumpliendo fielmente todo lo que se le pedía. Preguntó si le estaría permitido sentarse como oyente en algunas clases. Vimos su hambre de Dios. Era diligente en cuanto a su vida devocional.

Así, pues, lo aceptamos en la escuela. Era un excelente alumno, participaba en la clase y mostraba un interés insaciable por las cosas del Señor.

Después de terminar el curso continuó en la obra misionera. Su crecimiento en el Señor fue fenomenal. Se casó con una de nuestras jucumeras argentinas. A medida que fue pasando el tiempo, se le fue dando más responsabilidad de liderazgo hasta que, por fin, llegó a ser capitán de equipo. Ocasionalmente, lo vimos desempeñar diversas funciones en varios países con JuCUM, y siempre estaba gozoso en el Señor.

Un ataque cardiaco

Nos encantaba la casa en que nos instalamos, pero el dueño la vendió después de nosotros disfrutarla por un año aproximadamente. Nos trasladamos a otro lugar de los suburbios. Carecía de teléfono y calefacción, pero tenía chimenea.

Por entonces, mi trabajo consistía en organizar fascículos en español que contenían las enseñanzas de Wedge. Mis secretarias, la ecuatoriana Ana Vivar y la colombiana Lizbeth, también me ayudaron a preparar un manual de hospitalidad en español para los Centros de JuCUM en Latinoamérica.

Corría el mes de agosto, pleno invierno en Argentina, y hacía tanto frío que veíamos nuestro propio vaho dentro de la casa. Nos amontonábamos ante la chimenea para trabajar. Las secretarias mecanografiaban con los guantes puestos.

Un día fui a la cocina para preparar una ensalada para almorzar. Al agacharme para abrir el cajón de la refrigeradora, sentí un dolor repentino en el pecho y llamé a Wedge. Él vino corriendo, me sentó en el sofá y lo empujó tan cerca del fuego como pudo. El dolor cedía y reaparecía, mientras Wedge leía el salmo 91, en voz alta, una y otra vez.

Por último, fue corriendo seis cuadras, hasta el teléfono de la comisaría de policía más cercana. Sin aliento, intentó repetidamente usar el teléfono para llamar a una ambulancia, pero no obtuvo respuesta. Después de un rato, la policía le dijo que tenían que tener la línea despejada para casos de emergencia.

Ah... *¡Claro que sí!*

Entonces mi esposo corrió y fue en autobús hasta una tienda en la que había teléfono. La tienda estaba cerrada por ser la hora de la siesta.

Cada vez más desesperado, subió a otro autobús y se bajó cuando vio el símbolo de la Cruz Roja en un edificio. Por fin pudo hacer uso de un teléfono, aunque tuvimos que esperar cuarenta y cinco minutos hasta que la ambulancia pasó a recogerme.

Wedge regresó. Estaba conmigo cuando llegaron los paramédicos. Uno me examinó y me dijo: «Tengo que hacer una llamada en el vecindario. Cuando vuelva la llevaré al hospital». *Bah.*

En unos quince minutos, puso la sirena y esperó, mientras yo caminaba de la casa a la calle, ¡una distancia de casi media cuadra!

El médico de guardia de la clínica de Castelar era amigo nuestro. Nos dijo que no tenía equipo para tratar pacientes del corazón, que debíamos ir a un cardiólogo que tenía consulta en el centro de Morón. Como la ambulancia ya se había marchado, tuvo que llamar a un taxi. Las cosas no mejoraban.

Cuando llegamos al despacho del cardiólogo, nos dijeron que el ascensor estaba averiado. La oficina del doctor estaba en la sexta planta. Alguien nos sugirió que utilizáramos el montacargas, por la parte de atrás. Lo hicimos.

Aunque Wedge le advirtió al médico que se trataba de una emergencia, nos dijo que estaría con nosotros tan pronto como acabara con el último paciente.

Esperamos por largo tiempo. Una eternidad.

El doctor me practicó un electrocardiograma. Me instó: «Tiene que ingresar en el hospital ahora mismo, Shirley, pero si acabo de llegar de allí y no hay camas disponibles». *Me lamenté*.

«¡Tiene que haber una cama en la Unidad de Cuidados Intensivos (UCI)!», exclamé en un momento de desesperación. «¿Puede, por favor, llamar al hospital y arreglar eso?» No tenía teléfono. No lo podía creer. Era el colmo.

Wedge me dejó allí con el médico y se lanzó a la calle. Era la hora pico, o sea, mejor olvidar lo de agarrar un taxi. Corrió una distancia de seis bloques hasta el hospital. Sí, había una cama disponible en la UCI. Les rogó que tuvieran preparada una silla de ruedas en la acera cuando volviera conmigo.

Volvió corriendo y me puso al corriente. Pero, ¿en qué estaba él pensando? ¿Cómo iba a encontrar un taxi vacío a esta hora? Bajamos en el montacargas y esperamos varios minutos. Wedge hacía indicaciones, pero todos los taxis iban llenos. Mientras tanto, yo esperaba sentada en la acera o en un peldaño, no recuerdo bien. Después de un rato, un taxi se detuvo a recogernos.

A la entrada del hospital no había ninguna silla de ruedas esperando; las enfermeras intentaron recordar cuando habían visto una por última vez.

Pero cuando fui admitida en el hospital, recibí una atención excelente. Las enfermeras me mantuvieron conectada al electrocardiograma toda la noche. La doctora notó que las punzadas de dolor eran frecuentes y dijo: «Estas dos enfermeras y yo estaremos con usted toda la noche». Y así fue. Me acompañaron durante aquel ataque al corazón.

A la mañana siguiente, una ambulancia me trasladó a la Clínica Güemes de Buenos Aires, donde fui sometida a una segunda angioplastia. Tenía otra arteria obstruida. Habían transcurrido unos tres años desde que fui sometida a la terapia por «chelación», en Hawai, pero no pude encontrar un médico en Buenos Aires que me la pudiera administrar.

Me trataron esmerada y competentemente. Le tomé cariño al médico, que me hizo prometerle que le enviaría una copia de este libro cuando estuviera terminado. (Empecé a escribirlo por aquella época.) Yo hablaba del Señor con todos los médicos y enfermeras que me cuidaban en aquellos días.

No teníamos dinero para pagar las facturas del hospital. Nos pidieron que efectuáramos el pago en tres plazos, dándoles cheques para cobrarlos más adelante. Objetamos que podría suceder que depositaran los cheques antes de la fecha en que dispusiéramos de esas cantidades.

Ellos nos aseguraron que tendríamos los fondos a tiempo. Solo Dios pudo tocar sus corazones para correr ese riesgo.

¿Por qué Dios no nos concedió aquel dinero para pagar la factura mientras aún estábamos en Argentina? Lo ignoro. Tal vez no tuvimos fe o fallamos en alguna otra cosa. O puede que Dios estuviera obrando en la vida de otros durante aquella experiencia.

Pero estoy segura de una cosa: Dios cuidó de que cada pago se efectuara a su debido tiempo. Eso es lo que cuenta. Algún día tendré respuestas para las cuestiones difíciles, aunque todavía no.

REGRESO A LOS EE.UU.

Tres semanas después de salir del hospital, recibimos una llamada telefónica de mi hermana, Joy Wagner. Mamá había fallecido de un ataque al corazón. Yo no pude ir a Iowa para asistir al funeral, pero en los meses siguientes sentimos que debíamos regresar a los EE.UU. y recibir la atención médica que precisaba: terapia de «chelación».

Vendimos los muebles, guardamos las cosas que nos sobraron y volvimos a mi ciudad natal, Waterloo, Iowa, para establecer nuestra oficina. Como Director Internacional de Ministerios Hispanos, Wedge no estaría limitado por la geografía, de modo que podríamos operar eficientemente desde nuestra casa en Waterloo. Nuestro ministerio no cambiaría. Solo que nuestro punto de partida sería distinto.

Mi hermano Jon murió el año anterior. Joy y mi hermano Kent vivían en Waterloo. Disfrutamos acostumbrándonos a su compañía después de estar separados por cuarenta años.

Llegamos a la preciosa casita de mi madre con las maletas únicamente. Ella la había renovado con mis colores favoritos y comprado electrodomésticos nuevos. La lavadora y la secadora solo se habían usado una vez.

Había comprado refrigerador e instalado aire acondicionado y calefacción central. La casa estaba completamente amueblada, y hasta las toallas estaban en su sitio. Kent y Joy creían que mamá lo había hecho todo por nosotros. Eran muy especiales. Yo estaba muy contenta de volver a estar con ellos. Aunque llegamos con muy poco dinero, el Señor lo arregló todo para que pudiéramos comprar la casa de mamá sin endeudarnos

ESPAÑA, OLIMPÍADAS DE 1992

Las Olimpíadas de 1992 se celebraron en Barcelona, España. Durante este evento internacional, los jucumeros hicieron una distribución sistemática y masiva de literatura cristiana. Wedge se incorporó a uno de los cien grupos que ministraron por las calles y en la villa olímpica. Habló en un encuentro de pastores (y esposas) y predicó en varias iglesias de Barcelona.

Simultáneamente, más de doscientas mil personas visitaron el Pabellón de la Promesa de JuCUM, en la Feria y Exposición Internacional (EXPO 92) de Sevilla, donde recibieron un mensaje audiovisual de la salvación. Esta exposición conmemoraba el quinto centenario del descubrimiento de América, la unión de dos mundos.

En España, Wedge ministró en las bases de JuCUM y en iglesias de Málaga, Barcelona, Sevilla y Madrid. Pero lo más emocionante del viaje estaba por venir.

Su itinerario incluía la visita al centro de Reto en Valladolid, ministerio de rehabilitación de drogadictos bien conocido.

El director del ministerio fue a esperar a Wedge al aeropuerto para darle la bienvenida. Este tendría que dirigirse a un grupo de trescientos líderes de Reto que viajaron desde toda España al retiro de Valladolid.

—Ya hemos visto tus vídeos y queremos que nos des cinco sesiones al día de hora y media cada una —dijo el director.

Wedge replicó:

—¿Estás seguro de que los jóvenes podrán aguantar ocho horas de enseñanza por día?

—Vienen de todo el país y eso es lo que esperan —fue la respuesta que obtuvo.

El primer día de enseñanzas, la mayoría de los jóvenes, entre veinte y treinta años, no expresaron sus emociones. Apenas movían un músculo. Es más, su aspecto era tan serio que Wedge dudaba si les habría ofendido. O tal vez no les gustaba su acento sudamericano. O su forma de vestir. Tal vez no daba en el punto. El caso es que se sintió bastante incómodo.

El segundo día descubrió que se mostraban serios y concentrados porque tenían enormes deseos de recibir toda la enseñanza que pudieran sin distracción.

El tercer día descubrió por qué su aspecto era tan intenso. Aproximadamente ochenta por ciento de ellos tenía SIDA, se estaban muriendo y, antes de que esto aconteciera, querían aprender al máximo cómo ser más eficaces en su esfuerzo evangelizador. No querían irse de allí con las manos vacías. Querían provocar el mayor impacto para Jesús mientras aún estaban vivos.

Uno de los líderes le comentó a Wedge que algunos de los asistentes podrían vivir unos dos años más, pero otros solo semanas. Salían a la calle con guitarras, cantaban y predicaban con todo su corazón. Informaban a los transeúntes con toda franqueza que eran portadores de SIDA, pero que Dios los había salvado y cambiado. La gente comentaba que estos jóvenes no parecían tristes y melancólicos como los otros enfermos de SIDA que conocían.

«Por supuesto que no», decían ellos, «porque tenemos a Cristo. Ustedes lo necesitan también».

Cuando se encontraban demasiado débiles para salir a la calle, se quedaban en el centro de rehabilitación hasta que les llegaba la muerte en plena paz y consolación.

Wedge comentó que había ido a bendecir a aquellos queridos jóvenes, pero que fue bendecido por ellos. Se dio cuenta de que eran «casos terminales», y trataban de sacar el máximo provecho a su precaria situación. Entonces se le ocurrió que *todos* somos también casos terminales. ¿Nos queda acaso algún tiempo que perder?

AMBOS NOS ENFERMAMOS

En 1994, Wedge acudió al médico para hacerse un chequeo rutinario. Después de una biopsia, descubrió que tenía cáncer de próstata. El urólogo le instó a operarse de inmediato. Pero nosotros solicitamos tiempo para procesar la idea.

Como una semana después, me enteré de que yo tenía cáncer de mama en ambos pechos. En los meses precedentes, Dios nos había estado preparando para estos desafíos mediante una investigación que hicimos en medicina alternativa. Después de orar, sentimos que no debíamos someternos a operación, quimioterapia o radiación alguna.

Un día, de camino a una clínica de tratamiento de cáncer con sustancias naturales, Dios nos guió a encontrarnos con un jucumero que nos contó cómo su esposa se había recuperado por completo de un cáncer de pecho con la ayuda de un asesor de nutrición. Nunca llegamos a la clínica. En vez de ello, nos encaminamos a la consulta del asesor de nutrición. Otro amigo nos regaló el libro *Plan para Combatir el Cáncer*, que nos señaló la misma dirección.

Por aquellos días, visitamos la iglesia de Jack Brock, en Alamogordo. Cuando el pastor Jack pidió a Wedge que subiera a la plataforma, una mujer, situada en el fondo del gran auditorio, comenzó a llorar. Su marido le preguntó:

—¿Qué sucede?

Ella le respondió:

—Ese hombre tiene cáncer.

Cuando el pastor me pidió a mí que subiera, ella empezó otra vez a llorar.

—¿Qué pasa? —volvió a preguntarle el marido.

—Ella también tiene cáncer.

Aquella noche, después del culto, la mujer se acercó al hotel donde nos alojábamos y nos refirió su testimonio de cómo fue sanada de cáncer. Nos dejó una jarra de cebada verde, un alimento natural que contiene todas sus enzimas vivas. Es el alimento más nutritivo que existe.

Cambiamos por completo de dieta. Preparábamos varios litros de jugo de zanahoria todos los días. Sí, nos pusimos color naranja, pero no nos importaba. Comíamos muchas frutas y verduras frescas y dejamos de tomar azúcar y productos refinados.

En cuestión de seis meses, quedé libre de cáncer. Wedge tuvo que esperar un año y medio porque el suyo estaba más avanzado.

Estamos eternamente agradecidos por todo lo que contribuyó a nuestra recuperación. Se necesitaría todo un volumen para relatar debidamente la forma maravillosa en que Dios nos devolvió la salud, pero este libro no trata de salud física.

También estamos agradecidos por los mentores que Dios puso en nuestra senda siempre que teníamos por delante algo que no podíamos resolver. Les escuchamos, sopesamos su consejo en oración y actuamos en conformidad.

Dios respondió ciertamente a cientos de oraciones elevadas en muchos rincones del mundo por nuestra sanidad, y usó a sus hijos como nunca habíamos imaginado, pero también dependió de una alimentación correcta.

SIN POSIBILIDAD DE DAR MARCHA ATRÁS

Un día recibimos una llamada de Shelley, desde Argentina, para darnos noticias de Jorge Ríos, el ex guerrillero de Perú. Su familia, formada ya por cuatro miembros, estaba regresando de ministrar en el norte de Argentina. El autobús en que viajaban chocó frontalmente con un camión. En el accidente murió su hijo de dieciocho meses. Su esposa quedó en estado de coma.

Recordamos el pasado de Jorge. ¿Sentiría él que Dios le había fallado? ¿Diría que el cristianismo es imposible? ¿Permanecería fiel al Señor a pesar de esta difícil prueba?

Wedge telefoneó inmediatamente a Jorge. Este cobró ánimo al escuchar la voz de su maestro. En vez de centrarse en su propio sufrimiento, manifestó su amor y agradecimiento por todo lo que había aprendido en la escuela de discipulado.

Jorge se conmovió mientras relataba lo sucedido. Nos contó que el brazo de su esposa tenía diez centímetros de hueso destrozado por causa del impacto. Los médicos pensaron que necesitaría una prótesis. Le dijeron que si su esposa se recuperaba sería como un vegetal.

Wedge le expresó su sentimiento e intentó darle ánimos. Luego Jorge le dijo algo que nunca olvidaremos.

«Hermano Wedge, quiero que sepa que no daré marcha atrás». Satanás había perdido otra batalla; otro guerrero, en pro de la causa más excelsa del universo.

El pronóstico que dieron a la esposa de Jorge no era bueno, pero los médicos no habían contado con el poder de Dios, ni con la fe de este ex guerrillero, hombre de Dios.

Isabel recobró pronto el sentido. No quedó convertida en un vegetal. Tiene tanta agilidad como antes. En cuando al hueso astillado, se hicieron oraciones y Dios le restauró milagrosamente aquellos diez centímetros de hueso destruido del brazo, sin intervención quirúrgica, para sorpresa de los doctores. Los rayos X pueden demostrarlo.

Hace no mucho tiempo estuve hablando con Jorge e Isabel en Ecuador. Ella me contó que, después de ser sanada, recuperó el pleno uso de su brazo. Y el testimonio de Jorge conservó su autenticidad: «Shirley, todo lo que siempre quise lo encontré en Cristo. Me siento muy feliz y contento. No hay nada a qué volver. Tan solo deseo amarlo y servirle con todo mi corazón».

VALOR PARA SER UNA MÁRTIR

Vanesa García (no es su verdadero nombre) es directora de un Centro de JuCUM de Colombia. Ella es enfermera y conduce grupos al interior de la selva, infestada de guerrilleros, para evangelizar. También porta medicinas para tratar a los enfermos. Fue secuestrada varias veces por la guerrilla, la cual estuvo a punto de asesinarla en dos ocasiones. Pero ella continuó ejerciendo intrépidamente su ministerio.

Un día, al subirse a un autobús para volver a la base, dos hombres se le acercaron. Uno la agarró del pelo y le puso una pistola en la cabeza. El otro le puso una pistola en su sien derecha y amonestó al conductor: «Si no regresa en una hora, márchense sin ella».

Al cruzar la plaza del pueblo, Vanesa sintió que se le doblaban las rodillas y fue presa del espanto. No podía dar un paso más. El sudor le regaba su cuerpo tembloroso. Pensó que se iba a desmayar y clamó a Dios:

«Señor, dame el valor para ser una mártir. No quiero morir como una cobarde».

Y en ese mismo instante sintió que una gota de aceite caliente le cayó sobre la cabeza y le cubrió todo el cuerpo. Inmediatamente la abandonó toda angustia y temor y fue llena de una gran paz en el corazón.

La condujeron hasta la ribera del río. Allí se encontró rodeada de cincuenta guerrilleros fuertemente armados, listos para ejecutarla. Ella hizo frente a la situación y les dijo en un tono lo más despreocupado que pudo: «Bueno, me sorprende ver cuántos hombres armados se necesitan para matar a una chica desarmada». Algunos sonrieron.

Inmediatamente, el comandante inició la investigación. ¿Tiene amigos en el gobierno? ¿La ayudan los *gringos*? ¿Quién le paga? ¿Qué piensa de nosotros?

En aquel momento, el Espíritu Santo le dio la respuesta exacta: «Admiro, realmente, la entrega que profesan, que no teman a las serpientes ni a la malaria y que estén dispuestos a dar su vida por la causa».

Les agradó su respuesta y le permitieron añadir algo más. Ella les habló por cinco minutos acerca del amor de Dios. Algo sobrenatural comenzó a suceder. Los ojos del comandante se llenaron de lágrimas y con una voz temblorosa le ordenó: «*¡Márchese de aquí!*»

Salió de allí milagrosamente, sin sufrir ningún daño. Y continúa desarrollando el mismo trabajo.

OTRO ATAQUE AL CORAZÓN

Desde la base casera de Waterloo, continuamos ministrando al mundo hispano y a los Estados Unidos.

En 1998, mientras asistíamos a una convención en Scottsdale, Arizona, sufrí un grave ataque al corazón que redujo su capacidad normal en veinticinco por ciento. Muchos, por todo el mundo, oraron, y, sorprendentemente, tras unos meses de descanso, ejercicio y dieta adecuada, el corazón volvió a funcionar con normalidad. Otro toque misericordioso de Dios.

Estoy muy agradecida por la vida. Me encanta y la he vivido plenamente. Deseo cuidar mi cuerpo y dedicarlo al servicio de Dios. Aún somos jóvenes.

Cuando le preguntan a Wedge acerca de su jubilación, sonríe y responde: «Nosotros no nos retiramos, *¡nos reavivamos!*»

No estamos exentos de pruebas y dificultades. Todas ellas no son más que desafíos. Forman parte de nuestra educación para la eternidad. Apreciamos la gracia que Dios nos da para enfrentar los desafíos y crecer en el proceso.

EL DÍA DE LA MUJER

En una reciente visita a Colombia, tuve el honor de ser invitada a dar una charla en el magnífico Palacio del Congreso de Bogotá.

Colombia celebraba el «Día de la Mujer». Las mujeres cristianas aprovecharon esa ocasión para honrar a todas las que tanto sacrificaron el año anterior al festejo. Esa fue una década de grandes retos y aflicciones para ellas. Muchos dignatarios del gobierno fueron invitados.

A Wedge y a mí nos acomodaron en asientos de alto rango, a ambos lados de un representante del Senado. En la siguiente fila había miembros del Congreso y otros funcionarios del gobierno, muchos de ellos cristianos, y en un primer nivel se hallaban pastores y misioneros.

La audiencia estaba compuesta de otros miembros del gobierno y de mujeres que representaban a muchas organizaciones e iglesias. Varias tomaban notas.

Dado mi profundo amor y simpatía por la mujer colombiana, alabé su valor y fortaleza. Muchas de ellas tienen que trabajar para sobrevivir. Muchas han sido abandonadas por sus maridos y crían solas a sus hijos. Y resulta muy difícil encontrar trabajo.

Las animé a volverse al Señor en estos tiempos de presión, tristeza y dificultades económicas. Casi no hay familia en el país que no haya sido golpeada por la violencia y el crimen en los últimos años. Las mujeres llevan la peor parte de la carga. Muchas han perdido hijos, maridos, parientes o amigos en la guerra contra la droga o la guerrilla. Es un país que está de luto.

Las actividades del Congreso son filmadas, retransmitidas por televisión nacional y publicadas en los periódicos. Se me informó que esto se hace conforme a la ley. Agradecí esta oportunidad de identificarme en público con la mujer colombiana.

A VENEZUELA

Yarley Niño organizó una convención misionera en 1999, en Maracaibo, Venezuela, y pidió a Wedge que aceptara impartir las sesiones plenarias. Unos cuatrocientos jóvenes se inscribieron para asistir al evento, que duró cuatro días. Wedge comentó que se respiraba una atmósfera electrizante y que Dios se movió profundamente en las vidas de los que se dieron cita. Muchos respondieron al reto de las misiones.

Pero Satanás no se queda inmóvil observando nuestras victorias. Estaba enfadado y esta vez atacó a Wedge en su cuerpo. Bajó del avión tambaleante. Corrí hacia él y agarré su maleta rodante. Nada más llegar a la cadena portaequipajes se desplomó.

Lo ayudé a encontrar un asiento y recogí el resto de sus maletas. Se hallaba tan débil que su voz era poco más que un susurro. Había empezado a enfermar la noche anterior. Otros tuvieron que hacerle el equipaje. Ese mismo día tuvo que tomar cuatro aviones para llegar a casa. Ni siquiera sabía cómo había llegado… pero se alegraba de haber llegado… maravillosa conferencia…

El día siguiente lo pasamos en la sala de emergencia de un hospital cercano. Después de muchos tipos de pruebas, se le diagnosticó una salmonela.

Necesitó unas tres semanas para recuperarse. En todos los años que hemos pasado juntos nunca lo vi tan enfermo. Pensé que iba a perderlo.

¡VAYA DÉCADA!

Estamos en medio de una guerra, y las guerras originan muchas bajas y heridos. A veces perdemos una batalla acá y allá, pero estamos en esta guerra por un período largo. No nos rendiremos. Satanás será definitivamente derrotado. Lo sabemos porque leímos el último capítulo del Libro. Cuando Satanás nos derribe, debemos levantarnos y seguir adelante. Dios ha ganado la batalla. Nosotros también la ganaremos. Dios nos ha dado victoria en cada prueba —en cada desafío— en la década que media entre 1989 y 1999.

LATINOAMÉRICA SIGUE SIENDO NUESTRO HOGAR

Aunque actualmente vivimos en los Estados Unidos, Hispanoamérica siempre será nuestro hogar. Y los jóvenes hispanos siempre serán nuestra vida. Nuestras existencias están tan entretejidas con las suyas que no podemos separarlas de las nuestras. Formamos parte unos de los otros.

A lo largo de los años, desde 1974, muchos hispanoamericanos han sido formados en nuestras escuelas de discipulado, evangelización, liderazgo, misiones y muchas otras que forman parte de la Universidad de las Naciones de JuCUM. Se han desplegado, aceptando el desafío de las naciones, tribus y grupos étnicos no alcanzados del planeta.

Por Europa, África, Asia, América del Norte, Central y del Sur, han recogido almas para Jesús. Ellos trabajan con los pueblos tribales del Amazonas, así como con los habitantes de las grandes urbes del mundo. Laboran en los países hindúes, budistas y musulmanes; sirven a los niños, los pobres y los necesitados.

Saben de primera mano que él es el Dios no solamente de las naciones desarrolladas sino también de los que están en vías de desarrollo... y de *cualquiera* que en *cualquier* parte se disponga a obedecerle. Nadie será capaz de convencerlos de lo contrario.

LO VOLVERÍAMOS A HACER

Al concluir esta historia, corre el año 2002. Hay muchas cosas que no he contado, pero debo acabar este libro. Hay muchos héroes que ni siquiera he mencionado. ¡Ojalá pudiera contar las estimulantes historias de cada uno de ellos!

Miles de jóvenes hispanoamericanos continúan respondiendo al reto de la Gran Comisión y recibiendo instrucción en nuestras escuelas. Después salen y cuentan a otros que *Él también es su Dios*. Son ellos los que escribirán nuevos libros.

¿Mereció todo ello la pena? Wedge sacrificó una carrera prometedora en electrónica. Vivimos en países en desarrollo, caminamos o viajamos en autobús, nos las arreglamos sin agua caliente y lavamos la ropa en la bañera; padecimos inconvenientes: teléfonos que no funcionaban cuando llovía, recibimos amenazas de bombas. Fuimos mal comprendidos y criticados por aquellos que no entendían lo que estábamos haciendo. Y no hace mucho, se me diagnosticó un virus que ataca el corazón. Es oriundo de Sudamérica y no conoce curación médica. Espero confiada que el Señor me sane antes de que este libro salga de la imprenta. Si no, seguiré confiando en él.

Lo volveríamos a hacer otra vez. La obediencia al llamado de Dios produce plena satisfacción. Y si tú te lanzas a obedecerlo con gozo, descubrirás que...

¡ÉL TAMBIÉN ES TU DIOS!

EL CASO DE CRISTO

Esta atrayente e impactante obra narra una búsqueda sin reservas de la verdad acerca de una de las figuras más apasionantes de la historia.

El veredicto... lo determinará el lector.

EL CASO DE LA FE

Escrito por el autor del éxito de librería *El Caso de Cristo*. La investigación de un periodista acerca de las objeciones más difíciles contra el cristianismo.

El Caso de la Fe es para quienes se sienten atraídos a Jesús, pero que se enfrentan a enormes barreras intelectuales que les impiden el paso a la fe. A los cristianos, este libro les permitirá profundizar sus convicciones y les renovará la seguridad al discutir el cristianismo aun con sus amigos más escépticos.

UNA IGLESIA CON PROPÓSITO

En este libro usted conocerá el secreto que impulsa a la iglesia bautista de más rápido crecimiento en la historia de los Estados Unidos. La iglesia Saddleback comenzó con una familia y ha llegado a tener una asistencia de más de diez mil personas cada domingo en apenas quince años. Al mismo tiempo, plantó veintiséis iglesias adicionales, todo esto sin llegar a poseer un edificio.

Un libro que todo creyente debe leer.

PODER VIVO

Experimenta los vastos recursos del Espítritu de Dios. Es hora que nos aferremos del Espíritu Santo o más bien que permitamos que él nos sujete.
Con ejemplos extraídos de la Biblia y de las calles de Nueva York, este libro muestra lo que sucede cuando el Espíritu de Dios se mueve entre nosotros.

¡NECESITAMOS AL ESPÍRITU SANTO!

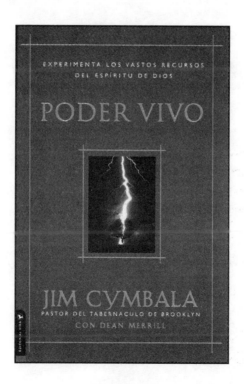

Lo que sucede cuando la fe verdadera encienda las vidas del pueblo de Dios
FE VIVA
FUEGO VIVO, VIENTO FRESCO

Vea cómo el poder de Dios ha transformado a toxicómanos y prostitutas, ha restaurado matrimonios, y todo a través del tipo de fe viva, radical, que se describe en estos libros. Estas obras son como fuentes de aguas cristalinas que limpian una cínica sociedad estancada.